臺灣原始宗教與神話

Primitive Religions and Creation Myths of Taiwan Aborigines

施 翠 峰 著

Tsui-Feng Shih

國立歷史博物館
National Museum Of History

館 序

　　從人類生活發展歷史的演進與宇宙整體的發展關係來看，經過考證新石器時代人類即已經有了占卜的行為，證明地球自有人類存在以來，人就迷信有一個主宰（神）的存在；自古以來人們對生、老、病、死的恐懼與疑惑，對宇宙的起源、對宇宙未來的不可知，人死後的何去何從？人對神的需求及神是否存在等，這些難解的問題，一直都是人們的困擾與疑惑。以後進入到文明時代，學者經由原始種族所衍生出的原始宗教與神話，加以考證探討研究。十八世紀以來人們對於宗教更是用理性去讚研探討辯證神的存在。於是產生了許多的宗教理論。

　　在人類的生活過程中，如何產生所謂「宗教」的現象？這種探討宗教起源的學說，最早出現在古代希臘、羅馬時代，其中最著名的學說有：游里美洛士(Euhemevos 330～260　B.C)的「英雄崇拜說」（崇拜英雄於其死後敬奉為神祇）與史塔周斯(Statius 61～96)的「恐怖起源說」（當天上雷電交加時，地上籠罩在恐怖之中，諸神即應運而生）。

　　不久天主教在歐洲出現，為了方便於推廣教義與信仰，主張宗教係由於上帝的啓示而產生的說法（啓示起源說），首先由傳教家們說起，不久包括神學家、哲學家，甚至於當時的科學家亦屈服於宗教的龐大勢力，而產生一邊倒的現象。在即將邁向二十一世紀的現今，天主教、基督教、猶太教等方面人士視宗教的起源緣由於上帝的啓示之說法，仍未完全被釐清。對他們而言，要探討這個問題，仍然存在著很多客觀的障礙。

　　嘗試用理性及實際經驗來剖析研究宗教起源的風氣萌芽於十八世紀，由於當時環境閉塞，發展的非常緩慢，因為要利用宗教是人類生活中的自然現象之一的想法，去對抗「上帝啓示說」，是需要時間與空間的；及至十九世紀後半期，研究原始種族及民智尚未完全開化的種族的生活的文化人類學出現以後，才開始將宗教或神話，視為原始民族自然發展的生活現象之一種，他們發現這兩種，絕非人類欺瞞或牽強附會的結晶，更不可能由於上帝的啓示而舉行祭拜儀式。

　　由於二十世紀初人類學開始進入較燦爛的階段，研究地球上少數原始民族的宗教行為也隨之蓬勃起來，走進少數原始民族的生活圈中去作田野調查，對他們的宗

教行為的本質作更深入剖析，竟成為二十世紀前半期的熱潮，廣泛地去探討宗教本質或宗教起源的新學說，更是紛紛出籠，在人類學的範圍內，形成了「宗教人類學」這門新學問。

　　回顧台灣雖擁有高山九族與平埔九族，從日治時代到現在的百年之間，對他們的風俗習慣，社會組織、祭祀過程等的追蹤，都有著相當豐富的調查報告；但是範圍卻係屬於民俗學或文化人類學之內。

　　本書作者施翠峰教授從事台灣原住民文化藝術的調查研究，長達四、五十年，他卻與眾不同地從原始宗教的觀點切入，去研究台灣原住民各族宗教行為之本質，可謂是道地的一本台灣原住民族的宗教人類學，尤具難能可貴的是他所研究的時間與資料，係在一九六○年至八○年之間，也即是戰後不久到現代的過渡時期。他運用實地調查的資料，以宗教學的觀點去探討它們的意義與本質，有諸多精闢獨到的見解，彌足珍貴，相信這本著作將引起熱愛台灣傳統文化的讀者們的愛讀與好評。

　　本館近年來為求本土文化能促使大眾耳熟能詳且知識化，特將翠峰先生數十年來精心研究的成果，印製成精緻的好書，以享大眾。為了讓讀者能進一步認識台灣的原始各民族的原始宗教與神話，進而能對台灣傳統文化藝術投注更深一層的愛惜與維護，在本書付梓之際，謹向作者及本館工作同仁之努力深致謝忱。

國立歷史博物館館長

黃光男　謹識

中華民國八十九年九月十日

自　序

　　一身披著雲豹皮衣，頭插老鷹羽毛與山豬牙串成的環飾，胸前佩戴著亮麗的古代琉璃珠項鍊，雙頰削瘦，兩眼炯炯有神…，筆者寫到這裡，大半讀者都會立刻判斷我說的一定是臺灣原住民頭目的英姿。

　　筆者熱愛臺灣原住民族之原始文化，始自一九五五左右，當時由於應邀為藍蔭鼎先生主辦的「豐年」雜誌社撰寫「臺灣風土與生活」專欄，而經常往訪其「鼎廬」暢談，並觀賞其收藏的豐富山地藝術品，愛不釋手；另一方面我個人在師大或文化大學美術系教授美術史課程，覺得僅講有文字記載的史後美術史，顯然有所不足，沒有文字記載的史前文物或藝品，為甚麼被排斥在美術史之外呢？於是，我試圖要充實自己的美術史課程內容，開始注意各國剛剛發現不久的原始藝術。尤為幸運的是我也獲得「地利」，在臺灣原住民各族的生活之中，可以尋獲一些這一方面的蛛絲馬跡。

　　可是，當我開始研究古老的山地藝術不久，即發現到一個重大事實：無論他們的木雕、工藝或任何器皿上的紋飾，都與他們的宗教信仰有關，甚至於連獵面或馘首（出草）的習俗，也都濃厚地帶有宗教意義，因此必須並駕齊驅對於他們的宗教活動與藝術表現，兩者同時進行調查研究，才能收到預期的效果。於是我的工作量倍增，視野卻隨之而放大。

　　我的田野工作始於一九六○年左右，連續二十多年，不敢說全臺山地走透透，至少高山九族主要部落，幾乎都成為經常往訪的對象。後來我不但跑山地，履痕亦遍及平埔族鄉鎮。我也曾不斷地想要將這些調查報告整理成書問世，可是愈研究愈產生要為臺灣原住民文化尋根的強烈念頭，於是，我探查的對象從臺灣延伸至南洋各地的山地原住民；從印尼的爪哇島、蘇門答臘島、隆卜島、西拉威斯島、菲律賓的呂宋島，甚至於緬甸、泰北、越南、不丹等的山族，我都親自涉足，嘗試要找出他們的原始文化（尤其宗教信仰與藝術活動方面）與臺灣各族的關係或異同之點。

　　臺灣原住民族的傳統文化，長期以來正在快速地流失當中，今天僅在老人身上才能找到些許傳統的片斷。祭儀如此，歌謠如此，甚至於傳說、技藝、思維方式、價值觀等，無一不是如此，而對這些日漸凋零的生命，常會令文化工作者，甚感與時間賽跑的巨大壓力。當時他們思想很閉塞，通常都拒絕採訪，尤其平埔族，不消

說拍照，連夜間祭祀現場都嚴禁外人的進入，我曾經多次遭到閉門羹而大嘆無奈。這是我二、三十年前每一次訪問山地耆老後的深刻感觸。

我在一九六五年至一九八五年之間的調查結果，因公私兩忙而一直無法完遂寫成文章問世的宿願。許多現場拍的彩色片，不是紛失就是已經開始褪色了。幸而現今已從教育界退休，總算如願以償地完成本稿「臺灣原始宗教與神話」，至於原始藝術的部分，則將來再找機會寫成另外一部著作「臺灣原始藝術」。

筆者從事調查工作的年代，距離現今至少亦有二、三十年的時光，若與現在他們的宗教方面的文化現象比較，則覺得大相逕庭，同時若果拿來與更往前推移的六、七十年前日治時代文獻比對的話，也會發現兩者相差甚遠。文化是不斷地在演變的。我相信：筆者這個階段性的調查結果，仍然對於後繼者有些許之助益。任何族群的文化，每隔二、三十年必有顯著的變貌是很自然的現象，我深信任何一個文化工作者，都有義務去保存這一方面的珍貴資料。

從日治時代初期開始，一直到現在約一百年之間，從事臺灣原住民各族文化方面的調查者眾多，然而其主題幾乎都屬於風俗習慣、社會組織、農耕文化等範圍之內，即使過去有人調查過他們的生命禮俗或農耕儀禮，那也是僅僅站在民俗學或文化人類學的觀點，記述其經過而已。分析他們的神靈觀、所祭祀神祇之本質或創世神話中所含的實際意義是什麼等等，都一直被學界所忽略。筆者在拙著中所嘗試的是純粹從宗教學的觀點來闡明這些問題。拙著的問世，為的是拋磚引玉，尚希各界先進指教。走筆至此，筆者不由得憶起昔日曾經成為我訪談對象的各族耆老及巫覡們，在經過了二、三十年後的現在，除了三地門的Cin Goan 與Lubaluda （漢字寫成陳俄安夫婦）以外，統統都老成凋謝了。他們對我無數次的打擾，都不嫌其煩地為我帶路、解釋；對我而言，他們在我心中永遠是音容宛在。在此謹向他們致最高的敬意。

最後，我必須感謝黃光男館長對我個人在這方面研究的肯定及對拙稿的謬賞，才有拙著的問世。

施翠峰

目次
Contents

引言

　　台灣的原住民族在日治時代經日本學者各方面加以綜合研究之後，判斷為「馬來印度尼西亞民族(Malay Indonesics)，一九七○年代起，才逐漸地被更新穎的名詞「南島語系民族」(Austronesian Linguistic Family)所取代，但在實質的意義並沒有太大的差別，這如同高砂族變成了高山族（或近年來之「原住民」）等稱呼那樣，站在文化人類學的學術觀點而言，沒有什麼重大意義。

　　台灣原住民的宗教生活，如同其他國家或地區的原住種族一樣，並非完全脫離現實生活而發生的。他們從祖先一代一代口傳下來的神話或傳說，乍聽之下，或許會給人荒唐無稽之感，可是若果仔細加予分析、比較、綜合之後，常常會意外地發現它們與實際生活密接地關連著而大感吃驚。

　　正如高山族一詞的含義那樣，他們大多居住在山地，其所依賴狩獵或採集的生活，大約在一九六○年代即已開始消聲匿跡；從七○年代以降，除了極少數的個人仍有這些行為以外，幾乎完全演變為十足的農耕民族，唯一例外便是蘭嶼的雅美族，仍然從事半漁獵半農耕的生活。農作物之豐收與否，會帶給他們嚴重的影響，所以其農耕生活及個人一生中的吉凶禍福，悉與廣義的「神的存在」仍有密切關係。事實上從播種到收成之間的多種農耕儀禮，迄今仍然是各種族（或各部落）共同祭祀的基礎觀念。

　　雖然原住民經過日治時代及戰後外來文化的衝擊，其宗教生活的相貌大為改變，但處處仍然遺留著傳統文化的痕跡。例如戰前布農族一年之間的農耕儀禮，將近百日左右，現在雖然逐漸減少而僅有一、二十日而已，可是，與農耕有關之「禁忌」，卻仍然在部落中留存著。若有人敢冒此犯，村民們仍然相信必將帶來農耕收成的不利。

　　拙著的撰寫，主要的是要探討原住民的宗教信仰觀念，那是一種可視為原始宗教的非常珍貴的文化資產。撰寫的內容係根據一九六五年至一九八五年之間約廿年左右，筆者跑遍台灣各族部落所作田野調查。當然，我所獲得的資料，若拿來與當今廿世紀即將結束最後一年的現在原住民的宗教生活對照的話，不見得能夠完全符合也未可知。換言之，筆者在此記錄的，正是戰後迄今五十多年之間的中期時段，遺留在台灣原住民的傳統信仰中的歷史痕跡，其實它們正是台灣文化史上非常重要的文獻資料之點點滴滴。

本來在上述廿年之間，要尋找尚遺存在台灣原住民的傳統文化氣息並不甚難，然而經過此段期間後，天主教與基督教幾乎完全進入了山區各村，於是包括祭儀方式或神靈觀念在內的文化，完全改變了其原有之相貌，難怪每一次我應邀在大學或其他文化機構演講有關原住民之信仰或藝術時，會遇見山地籍的聽眾，露出詫異的神情，舉手發問：「我是某某部落原住民，我都不知道的事，你卻如數寶珍。何故？你也是原住民嗎？」如此發問的通常都是二、三十歲階層的年輕人，可知近二、三十年來原住民傳統文化的流失，實在太快了。拙文的發表，多少能夠對於原住民的傳統文化之保存有所裨益，則感幸甚。

年越九十之泰雅族
（1976年攝於

1 泰雅族

ATAYAL

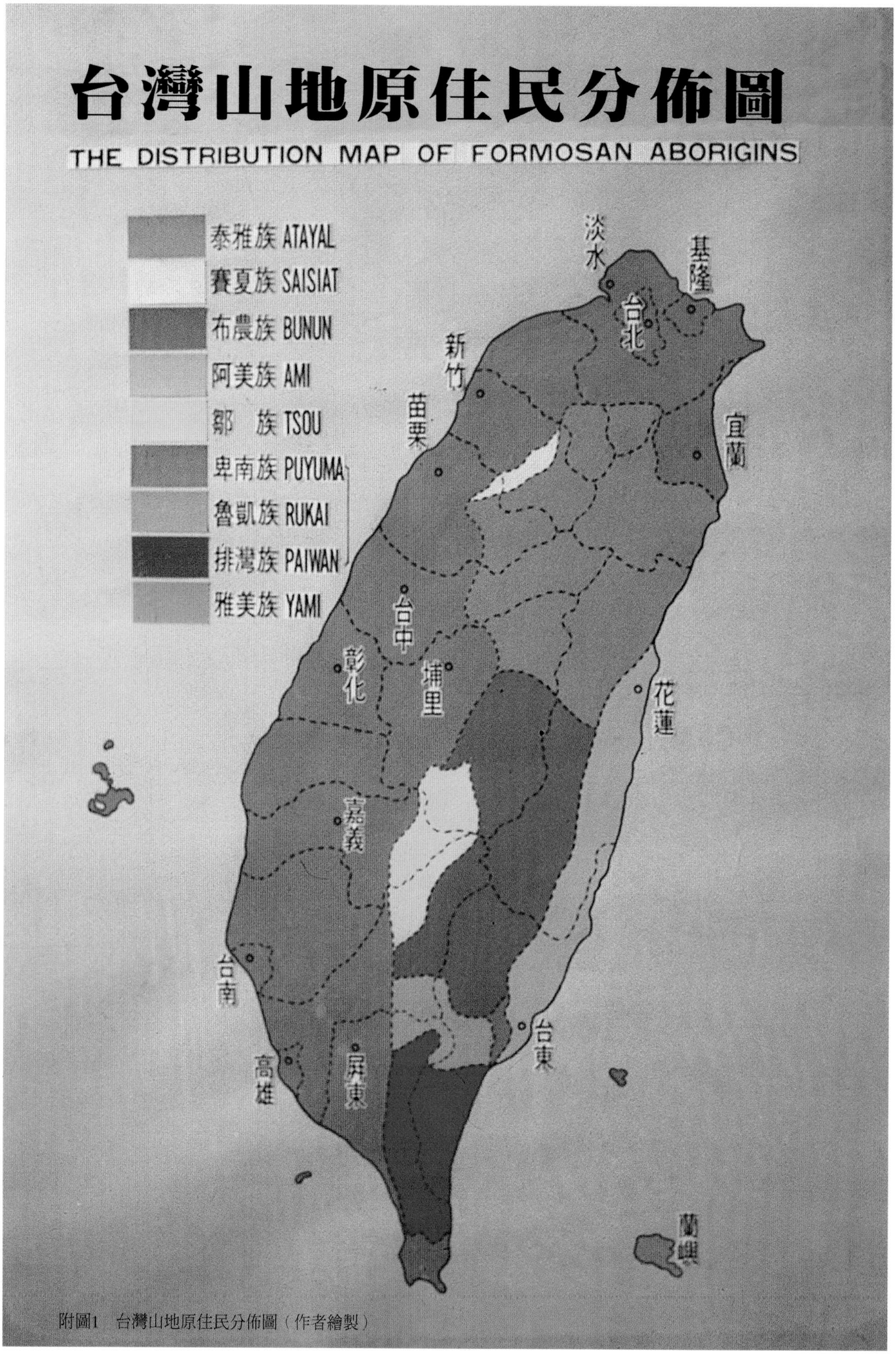

台灣山地原住民分佈圖

THE DISTRIBUTION MAP OF FORMOSAN ABORIGINS

泰雅族 ATAYAL
賽夏族 SAISIAT
布農族 BUNUN
阿美族 AMI
鄒 族 TSOU
卑南族 PUYUMA
魯凱族 RUKAI
排灣族 PAIWAN
雅美族 YAMI

淡水
基隆
台北
新竹
宜蘭
苗栗
台中
埔里
花蓮
彰化
嘉義
台南
台東
高雄
屏東
蘭嶼

附圖1　台灣山地原住民分佈圖（作者繪製）

一、泰雅族

(一)神靈觀

　　台灣原住民的原始宗教之本質，如同大多數其他國家的原住民族那樣，是精靈主義(animism spiritualism)，也就是以信仰精靈為中心的儀禮成為他們祭儀生活的主幹。雖然以我們的觀點而言，其所謂精靈、死靈、神靈的觀念，未免太模糊、太曖昧了，可是如果忽視了他們獨特的這種模糊不清的神靈觀念，實在無法瞭解他們的宗教信仰。同時這種神靈觀念與他們的農耕儀禮有著非常密切的關係。

　　那麼，成為他們信仰的基本—神靈觀念是什麼，下面分別就各種族作實證性的探求。

　　首先，泰雅族的神靈觀念，係用「鄔斗」(utux)一詞來表達。他們所謂鄔斗包括：人死後的鬼魂、祖靈，自然物的精靈等，但其中也有屬於原來就是鄔斗的存在。鄔斗所包括的分子雖然複雜，可是，它們有一個共同點，那就是他們具有「人格化」的性格，所以這種超自然的存在，頗接近我們所謂神祇的存在，但並非完全相符合；筆者喜歡使用「神靈」一詞，原因亦在此。

　　筆者在太魯閣一帶泰雅族部落調查的結果，他們相信：因某種事故死亡者（包括枉死者），其靈魂無法昇天到「鄔斗汗(utuxhan)山」，會變成惡靈(negaya utux)，而一般正常狀態病死的人或壽終正寢者，會變成善靈(mariu utux)，然後前往「鄔斗汗山」與祖先靈魂聚居。

　　這種鬼靈觀念與漢民族大同小異，可是他們有一種奇異的傳統習俗（包括泰雅族及排灣群族等大多數高山族），過去都把死者埋葬在屋內地下裡。對此他們很難說出一個令人首肯的理由，不過，筆者多次調查後把它歸納為兩點：第一、出自依依不捨的心情。第二、祈求祖靈就近保護後代。其實這種念頭都是非常純真而切實的。

　　這種將屍體埋葬在屋內的習俗，從古代一直延伸至日治時代前半期。當時駐在部落裡的日本警察（當時大多兼任教師職務），以衛生及健康的理由開導多年，至昭和初年才逐漸地改變為集中在戶外墓地埋葬。其實，引起筆者注意到原住民各族如何埋葬屍體的問題，是卅多年前，一次偶然機會與畫壇前輩畫家藍蔭鼎氏聊天時，意外聽到一點信息：

大約在一九三三年左右，藍氏應當時總督府山地課之邀請，陪同日本學者入山考察，以便為當時正在編寫的山童專用教科書繪畫插圖時對他們日常生活有正確的認識。當時他們大多住宿於各部落的警察駐在所，但有過兩三次是住在頭目家過夜。有一次，睡到半夜裡，他卻在夢境中聽到有人正在哭泣的喃喃聲音，終於清醒過來，卻發現主人夫婦一族大小，正在對著他哭泣，大感不解。經查詢之後始獲知數天前其父過世，埋葬在藍氏睡覺的地板（板岩）下面；他們黎明即起，正在祭拜悼念之中。這一下，他們睡意頓然消失，嗣後再也不敢借住原住民家裡了。

聽到藍氏告訴我這個故事，嗣後我在各地從事田野調查時，也都會順便詢問有關埋葬的事情；確知阿美族、雅美族、邵族以外各族均有此俗，但距離我調查時已經屬於三、四十年前之往事了。如今，知道祖先有此習俗的原住民，更是少之又少，其他人不一定會相信不久之前有過這種習俗（註一）。

泰雅族人一經死亡，其家人即以大塊織布包紮，使其四肢屈曲而以坐姿埋葬。喪期為七天，其間會將故人曾經使用過之蕃刀、弓箭、背網、便當盒（籐器）、工具等拿到野外去捨棄。

到了一九六〇年代，在屋內埋葬之風幾乎已消失殆盡，改以埋葬在野外。將遺體埋葬完畢之後，要將事先攜帶來的灰（木炭灰或草灰），在歸途上邊走邊撒，以期死者靈魂跟蹤過來時能飛入其眼睛中而加以阻擋。回家之後，必須在門口以事先準備好的水洗淨身子，才可以入門。埋葬後害怕靈魂跟蹤過來而設法阻止的觀念，似乎普遍存在台灣原住民族之間。例如雅美族把親人遺體抬去埋葬時（早期是遺棄），事先準備好許多一尺長左右的竹枝或竹片，從家門到墓地之間，排置在路上兩邊（表示遺體經過的範圍，亦有圍繞之意）；當埋葬完畢後即在歸途上，邊走邊收竹枝，改變路況，使其無法照原路回歸，然後他們不可直接回到家門，必須跳入附近之海中或河中，洗洗全身後，始可回家，也是害怕鬼魂直接跟隨返家，其動機或經過與泰雅族毫無兩致，只是所使用之物品不同而已。他們均對於死者抱著強烈的愛情，卻極端畏懼其亡靈之復歸或跟蹤。

泰雅族對於祖先的鄒斗，特別在豐年祭(實為傳統的粟祭之演變)時要隆重地加予供奉，不過泰雅族也像其他種族那樣相信人的雙肩居

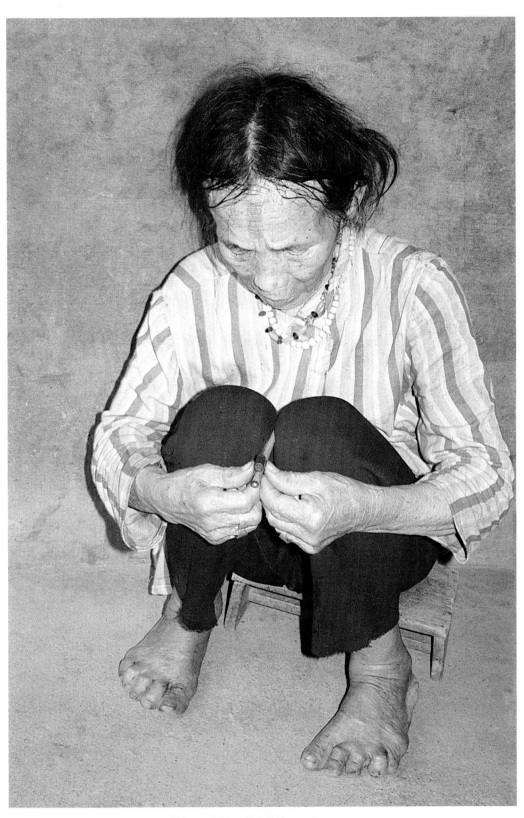

附圖2　泰雅族巫師雙膝夾住一支竹棒作法（攝於宜蘭金洋村　1976）

住著惡靈與善靈之說法。他們對於人體的脈搏感到不可思議，因而也解釋為鄔斗的一種表現，所以稱為「手的鄔斗」(utux-naba)。

　　他們相信天上的彩虹，這種神秘的幻影必定也是神靈的表現，所以稱為「hongo utux」，而且相信只有曾經獵取過敵人首級的人死後才能經過這座美麗的天橋，否則休想通過。至於女性死者的靈魂，必須是擅長織布者才能通過。在泰雅族的信仰上，特別稱彩虹為「mnanho na aliutux」（意為神靈之橋）。由於這個事實也可以看出民智未開的時代，人類是如何重視女性的織布技藝啊，它的重要性大可以與男性的獵取人頭的果敢行為媲美。

　　泰雅族如同許多原始種族那樣，相信人會患病是由於神靈的作祟，為了請示神靈的意旨，必須作占卜。作占卜必須由專職的女性巫師（叫做pahagup）作法。筆者一九七六年二月間在南澳鄉金洋村實地調查到的占卜方式，是女巫師坐著，用其雙膝頭夾住一支竹管（徑約〇‧七公分、長約八寸左右），唸了咒語之後，在往前伸出的竹管上試放一顆長約一‧五公分，直徑不到一公分的管狀黑石子，若果石子順利地能停留在竹管上，即表示神意為「是」，如果掉落則表示「否」（附圖2）。如此返復即可以與「神」問答，查出病因，然後由巫師加以治療。（附圖3）。

　　筆者請她將盛裝做法器具的的黑袋子整個兒倒出來，供我端詳其黑石子（附圖4），卻看不出它究竟是什麼石材，但顯然由於多年手指摸觸，早已發出幽光；再進而問其如何取得此石子，她回答是神送給她的，還說她年輕時代某日，由窗外突然飛進來落在她手上。這樣說法顯然是為了增加其神秘性，卻也是其他國家原住民大同小異的說法。

　　在大約相同的時候，我在南澳村遇見了自稱「當年（一九七一）已經九十多歲」的老女巫（參閱本章首頁附圖1），她一個人孤獨地生活在一家破屋裡，由於歲數大（正確的歲數沒有人講得出來，包括她自己），而且雙眼均瞎，後嗣相繼死亡，生活相當艱困，幸好她懂得巫醫，勉強依此謀生。為了瞭解其做法的方式，筆者特請陪我前往的楊乾鐘教授充當需要「解厄」的人，請她做法。結果她的方法是到屋外去採取了兩枝茅草（雖然雙眼均盲，動作卻非常熟練），叫求解人站在其面前，她唸咒語一陣之後，將兩支茅草尖端打結相接而成U字

←附圖5　巫師施行解厄之法(1976)

形，套在求解人胸前（她雙手各執茅草根部），當她唸了一會咒語後，在其號令之下，求解人必須往戶外奔跑，絕不可回頭（交往的茅草尖端，由於求解人的奔走而被拉斷）。作法完畢後，我依照當時當地行情付了十元為酬禮；她很有信心地告訴我說：「他今年絕對會過得很順利」（附圖5）。

　　我進一步請問她一些巫醫的事情，我所獲知的治病方法（泰雅族語稱巫醫做法為「茲拉揚」tsurayan)如下：

　　若果有病人前來求醫，她即先請示鄔斗，看可加以醫治否，若獲得肯定的話，即開始作祈禱，唸了一陣的咒語，然後開始做法。例如病人的某處疼痛，她即將其唾液塗抹在病人的前額，接著亦塗抹在病疼的患部，然後伸手抓起事先準備好的灰、菖蒲根與米粒等物，在上述兩處撫摩一會兒，即告完畢。還有一個方法即是：用大樹葉包裹著豬之耳朵、腋下皮、四肢皮等之小片混合米粒，再以麻繩捆紮，懸垂在竹桿頂部，然後竹桿插在家屋東邊的樹旁，即可趕走附身之魔鬼。

　　一九七七年我在花蓮縣卓溪鄉找到一個女巫，她治病的方法也很奇特。她首頸掛了一串軟木為珠子的首飾，當她唸了咒語後，撕下其佩帶的軟木珠一小塊，放在病人患部即可醫治病痛。（附圖6）

　　除了「茲拉揚」以外，泰雅族的信仰尚有「鳥卜」與「夢占」；雖然泰雅族分佈面積甚廣，分東西兩大族群以外，尚可分成三個亞族，所以風俗習慣上難免有某些差異，但鳥卜與夢占卻是昔日普遍盛行的，下面將詳細記述。

註解：

註一：為避免讀者誤會，在此再強調一次；早期室內安葬習俗，在昭和七、八年左右開始已逐漸改為室外埋葬。

(二)鳥卜與夢占

↓ 附圖6　花蓮縣卓溪鄉巫師首飾（作法時拿下來，撕下一小塊，放置在病人患部，可治病痛，1970）

　　要說明鳥卜之前必須先介紹一則泰雅族的神話「創世記」：相傳在太古時代，大霸尖山山頂有大塊巨大石頭，諸鳥欲動之而力不足，獨有艷頭鳥（學名鶺鴒）高舉大石，並使之墮落谿間；大石遂裂開，跳出一男一女，即是泰雅族的開祖，他倆媾合而生後代子孫，相傳數千年。

　　不過，這個神話故事尚有續篇：當大石裂開而跳出之這一對姐弟長大以後，為了傳宗接代，姐誘弟媾合，最初弟弟不肯，姐姐只好用黑炭塗在臉上，使弟弟認不出，終於完成婚姻。從此以後演變成一種習俗：凡待嫁之女，若修得織布專長，即要在左右兩耳根開始沿著腮部到嘴唇邊刺青；至於男性則必須在出草而獵回人頭後始得黥面（天庭與下頜）。若到了適婚年齡而尚未黥面的男女，都會遭受到族人的歧視。

　　由於上述的鶺鴒幫助大石推落谿谷，使泰雅族始祖出現的神話可以看出，自古以來他們都視鶺鴒為聖鳥的原因。至於他們相信鶺鴒能預告吉凶禍福，亦有一段有趣的傳說：在太古時代烏鴉原也是泰雅族先祖的好友，某日先祖與烏鴉相約：「汝若能將此石帶過河，則可視為卜者。」可是烏鴉因力氣不足，屢試均將石頭丟落河中。後來鶺鴒飛至，一試即成功地持石飛至彼岸。先祖遂奉焦鶺為卜者，也即是先知，所以鳥卜必須依據鶺鴒來告知的原因就在此。

　　鳥卜的方法：出草或狩獵出發前或在途上，聽到鶺鴒的鳴聲，即以其鳴聲的次數或位置與飛行方向來判斷吉凶，若屬不吉之訊息，則馬上收兵回府，擇期再出發。他們依據叫聲之長短、音調之強弱長短、徐緩或急速以及自己所站位置與鶺鴒的距離等，藉此來斷定行事的成功與失敗。有些地方亦以百舌為鳥卜的對象，兩者鳴聲都很清脆。

　　關於鳥卜的詳細內容，大半已經失傳了，但在我於一九六〇至一九八〇年間各地所調查得知的數則，披露於此：

　　——若右側傳來一鳴，接著又一鳴，再行十多步即在左側聽到一鳴為大吉。

　　——若左（或右）側傳來鳥鳴聲，走十多步，右（或左）再聞第

二鳴為吉。

——若左側一鳴，右側第二鳴，左側第三鳴之後，又有夾路交鳴出現，則吉。

——若聽到左右兩鳥交鳴為不吉。若有一鳥前鳴，復有一鳥後鳴亦不吉。

——二鳥出現於行路之左側為不吉，二鳥出現於右側亦不吉。

——一鳥在路上橫飛而過（無論由左而右或由右而左）均為大凶。

——孕婦外出耕作或汲水，若遇兩鳥相交作鳴，則不吉，都會半途折返。

至於泰雅族的夢占，雖以現代人眼光視之，則屬虛無縹緲，卻也有原則可循。依據筆者在苗栗縣內泰安鄉泰雅族部落調查所得資料，顯示他們公認的吉夢有：

——夢見有人贈與肉類（表示有收成或出獵可獲得獵物）。

——夢見獸類成群出現（同上）。

——夢見已死的人贈與物品（同上）。

——夢見往訪重病中的親朋好友卻見其死亡（表示該人即將痊癒）。

至於泰雅族人公認為凶夢有：

——夢見崩崖或倒樹或人倒（表示近期社內會有人死亡）。

——夢見慰問重病中的親朋好友，見其病人恢復（表示其病人近期會死亡）。

——出草者夢見敵人之首級被人尊敬（表示年內自己將會死亡）。

——夢見水（表示近親有人會病死）。

——夢見自己被動物咬傷（表示自己將會患病）。

——夢見以魚藤放入河中，毒死大批魚類（表示社內將有多人死亡）。

——夢見死者之靈前來發怒（不吉）

——夢見自己身上某地方出血（不吉）

——夢見自己穿著新衣（不吉）

——夢見自己捕獲的禽獸逃走（不吉）

→ 附圖7　泰雅族的黥面，象徵成年可以出嫁，也是一種裝飾(1978攝於烏來)

——家有病人時夢見其埋葬（不吉）

——夢見自己背負笨重東西（不吉）

——夢見自己脫落牙齒（不吉）

——夢見自己的種子被人盜竊（不吉）

　　昔日泰雅族進行出草、戰鬥、狩獵、祭祀等活動時，為了要選擇適當的時日，都要等到長老或祭主或其他領導人夢到吉夢，才會決定進行。若果出草或戰鬥途中住宿時，夢見凶兆，必定會中途折回或等再住宿而夢見吉夢時再進行。

　　青年男女的黥面，實象徵其為成年，也是異性擇偶的對象（附圖7）日人治台後認為落伍的陋習而加予勸導，才逐漸消失，位在大嵙溪上游兩支流交會處河谷的秀巒村一位故老告訴我：今日山地有十六、七歲即兒女成群怪現象出現，實因黥面習俗取消的後果。因為他們已經不知道什麼時候才算是「成年」了。是一句發人深省的話。

(三)祭團組織與儀禮

　　泰雅族人的倫理觀念，與其社會組織或宗教信仰均有非常密切關連，他們傳統的觀念是約制性慾與食慾的縱肆，所以他們的價值觀也與此脫不了關係，也因而其社會制裁建立在崇拜祖靈的禁忌與傳統習俗的禁令上。大家深信凡破壞祖靈禁忌者，會受到祖靈的作祟或責備，是故倘若對祖靈有所冒犯，輕微者獻牲祭拜，以求祖靈赦免，較重者則由部落裡面共同生活群體「gaga」來加以處罰。泰雅族話gaga一詞通常都被譯為「祭團」，然而實非很妥當的說法，只能說其成員在農耕祭祀時等於是祭團的存在。

何謂「gaga」？這是一種非常特別的社會組織。傳統的泰雅族社會中，除了幾種親族群體外，尚有因奉行同一習慣法與禁忌的社會群體，有人勉強將之稱為「泛血緣族祭團」，約等於泰雅族語kutuk gaga，本來gaga一詞（在霧社一帶稱為gaza)指祖先所定的制定、規則、遺訓等，其範圍包括道德準則與祭祀禁忌等，因此kutuk gaga是一個共同祭祀、共守禁忌的團體，它具有概括性的血緣關係以外，對於超自然的傳統觀念也是一致的。他們均相信祖靈是宇宙的主宰，對於子孫賜予幸福，也會給予適當懲罰，而其對象有時會禍及整個群體。可以說傳統的泰雅族社會，是依靠著這種泛血緣族群體，共同負起罪責的信仰而發揮互相約束規範的作用（註二）。

既然gaga的組織是最主要的儀禮團體，則有關例行性的農耕儀禮如：播粟祭（或播稻祭）、收穫祭、嘗新祭、豐年祭等，或臨時性農耕儀禮如：祈雨祭、祈晴祭等，均由gaga祭團之成員共同進行。祭團的首腦者即是儀禮的執行人，也就是司祭（當然他不一定即是頭目）。

祭團的司祭主要職責為推算曆期、主持儀禮並輔導成員的生產工作。眾人均相信他是最遵守祖先遺訓的楷模，同時由於經驗的豐富而廣泛地被推崇為神界與人界的溝通者。不過，司祭不同於巫師(mahgok)。與其他種族不同，泰雅族的巫師都是女性，她們不屬於祭團，是專門執行個人事務有關之作法，其法術均來自師徒傳習，只要老巫師肯收為門徒，任何人都可以學，可是事實上都是較近親的親屬佔多。巫師最主要工作：占卜、診斷、祈禱、治病、禳祓等，甚至於驅除農作物之蟲害或防盜等，範圍頗為廣泛，然而其基本觀念，仍與祖靈的下賜禍福有直接關係。

如前所述，泰雅族的基本信仰是以祖靈為中心的，所以各種儀禮上也會反映著遵從祖靈的意旨。在第二次大戰以前，泰雅族大多數家庭都不使用外來的曆法，所有的農耕儀禮，都以大自然的物象為其判斷的依據。例如粟之播種係以梅花盛開時為準，有些地方則以山櫻蕾成為憑藉：稻作之播種則以栴檀或山粟花開時為依據。粟之收穫約在播種後的第五、六個月，稻作之收穫則在其第七、八月間。對於粟作者而言，一年六個月，第七個月起屬於正月，接著進入農閒期，也就無所謂月份了。至於對稻作者而言，一年有八個月，第九個月就是正

月，繼而進入農閒期，直到翌年要播種時就是另一個一月之開始。但是粟作者所謂的一月與稻作者所謂的一月，大約相差兩個月的時辰。

過去泰雅族統統都耕種粟或黍，及至十九世紀初葉，始有部分居住地較低的部落，從平埔族學習到稻作。戰後只有少數高地仍種粟以外，幾乎都改作旱稻了，下面大略記述他們的農耕儀禮（筆者於一九七〇年代在宜蘭縣南澳鄉內與花蓮縣秀林鄉銅門村調查的資料為依據）。

①整地祭

泰雅族過去也是從事燒田耕作，種植三年之後即放棄而另覓新地耕耘。不過特別值得注意的是整地時，必須選擇一小塊地以備專作儀式之用（這一塊田地可以稱為「祭田」，台灣九族之中，除泰雅族外，鄒族亦有此俗，詳情後述）。整地初步完成之後，採取兩根竹子或樹枝，交叉插植在該地上，並依家族人數砍採幾株小樹椏，削作小鋤形，懸掛在該樹枝或竹桿上以為標記。當晚在家睡覺，翌晨判斷昨夜夢境，若是吉兆則決定該地為其用地，並作全面性整地工作。若夢境為凶兆即棄之，另尋新地，再作夢占。這工作約在他們所謂正月後一個月之間進行。

②播種祭

栴檀花或山粟花開時的某夜，祭團的領袖召集各戶家長齊集家中，商量播種祭期與輪班祭祀事宜後，將其決定宣佈之。但在展開儀式之前，各戶從事釀酒，並要遵守祭儀有關的禁忌。酒快釀成前三、四日即再集合於領袖家，商量出獵事宜，這時的狩獵特別稱為「祭獵」(meliap nasiatona)。出獵當天，先作鳥卜，吉兆則繼續前行，凶兆則改期行之。狩獵連續三天，均露宿山間，第四日始返部落，當夜聚集在領袖家。若有人觸犯禁忌，則向其徵收贖罪之酒並向祖靈謝罪，以期保持祭期的清淨，當晚即以所釀新酒共飲同樂。

翌日通常為播種日，領袖取圓形粟糕及酒，前往自己的田地上，用小鋤在其預定的祭田上略作整理，並向祖靈祈求所播種子都能發芽。祈祝完畢後將粟糕撕成許多小塊，與稻種一齊撒在土地上，並唸禱詞，希望其快速長大。司祭在祭田上祭祀時忌諱他人窺伺，或歸途上與人交談。早餐後司祭將剩餘祭酒與祭糕分贈與祭團內成員。各戶領得司祭所分發祭品後回家食用，餐後各自攜其家製酒與糕到司祭家

奉獻，午餐即在司祭家開始盛宴，載歌載舞。當酒盡舞罷，分配「祭獵」獲得之獸肉（昨日開始用鹽漬藏）與各家攜來之粿糕之後散會。

由司祭主持的播種祭儀禮完畢之後，第二天各戶即在自己田地上開始實際播種，當大家工作完時並沒有特別的儀式，可是從此有關祭祀的禁忌。（例如在祭期中與其他部落的人共進餐食是禁忌，他們害怕此舉會將祭團中的良好種子靈魂傳給他人）被解除了。

③除草祭

播種後一個月左右，稻苗萌芽約一寸時，則進行除草祭，家長在早餐前到田中拔一根雜草放置在田中的石堆上，讓太陽晒曝之，此舉具有希望田上所有雜草枯萎之意。除此以外並無其他儀禮性行為。

④驅鳥祭

當稻子開始出穗時，即要注意到鳥雀之害。通常將不用的衣服剪成條布如同旗子一樣，用竹桿支撐在田地上，希望藉此趕走諸多麻雀。除此以外還要做一項帶有咒術意義的事情，就是黃昏時份，全家人沉默而不談話，他們相信如此則此年不會遭受到鳥雀的侵害。

⑤收割祭

收割祭之舉行，仍由族人開會決定日期，但此祭不同於播種祭者，祭司非由領袖充當，係依次輪流由祭團成員執行。除此以外，釀酒、祭獵、禁忌等各項，大致與播種祭相同。當「祭獵」歸來的翌日，便是祭典之日，舉辦儀式之地非原來之祭田（此時大致已荒廢），而由司祭選定一田，凌晨悄悄地前往現場，先向祖靈及稻靈報告自己擔任司祭之事，並祈求收割之順利與豐收，然後隨手割取四穗，而在割處放置祭品（糕）並在上面倒酒。司祭返家後即將其所割取四穗及所用鐮刀，插在家屋外壁上，嗣後與家人用早餐，餐後將祭酒與祭糕分送給眾人，眾人之收割係翌日開始；其間夫婦不可以交媾，也不可與其他祭團的人往來。

當收割完畢，有關禁忌即自然解除。可是此時祖靈祭卻接踵而至。祖靈祭係以祭團全體來進行，領袖自然成為司祭，不過祭場並無一定。在祭儀前夕，假社外一個定點，每年在路上的一邊舉行。今年若在右邊則明年在左邊，依年而異（註三）。眾男性排列在路邊，輪流呼請祖靈（善靈）駕臨祭場，接受饗應，直到天亮。天亮後由男子製造年糕供奉祖靈後，共食之。在祭場上也供奉羌肉與鹿肉（其他獸

肉不能用）。祭司即唸禱詞（大意）：「一年又過去，祈求明年之豐收，大家安然無恙」。

在祖靈祭時，容許其他祭團的人來訪，甚至於有人來訪還被視為福氣之到來。在祖靈祭所供奉的祭糕，都是粟糕，即使是稻作者之祖靈祭也是要以粟糕為供品。他們認為祖靈是過去的人，只熟悉於舊風俗，這種思惟純真可愛，令人激賞。祭後的社宴與歌舞，自不在話下。播種祭、收割祭、祖靈祭等重要的農耕儀禮，均僅准許男性參與，這一點也濃厚地顯示出泰雅族為父系社會之特徵。不過這三大祭典，戰後大多由各家自己辦理，無可諱言地祭團組織已經不符合時代潮流了。

⑥嘗新祭

由於收割祭與祖靈祭相繼舉辦，從一月的播種到此，前後已歷經八個月，接著便是農閑期之來臨；其開始如同漢民族的農曆春節那樣，充滿著新年氣象。大約在收納最後收割的稻米入穀倉後二、三天，即各戶自己辦理「嘗新祭」，實具有新年祭儀的含義。

當日尚未大亮時，戶長或主婦即到戶外的穀倉取新穀，並唸禱詞云：「感謝祖靈賜給我們這些新穀，以後每日將來取用，但願如同新月，愈來愈大，切勿消失」。新穀經炊煮後充當晚餐的嘗新之用。家中有子女時由幼子先嘗，接著依序由小孩到大人。食時不得向穀飯吹氣（怕把穀靈吹走），也不可全部食盡（有剩餘才表示豐衣足食，取之不盡）。

以上筆者將稻作農耕儀禮，依照其發展的順序略作介紹了，若是舊時粟作農耕儀禮，則更為繁雜、祭期亦更長；僅以祖靈祭為例而言，祭前所舉行的狩獵須由整個祭團成員共同參與，而且獵期為一個月，其間出獵三四次，一次數天，而祖靈祭的飲宴，通常繼續三日三夜，祭團領袖——司祭者即穿上族人視為最高貴的盛裝：綴貝珠之衣裳或佩帶貝珠首飾（附圖8）出現。相比之下，稻作儀禮已經簡單多了。

可是，事隔廿多年的現在，他們的農耕儀禮已經消失殆盡，雖然近來其他種族頻頻用「豐年祭」取代了整套原有的傳統儀禮，可是泰雅族卻未曾聽過有類似的祭典公開。幸好，筆者於一九九九年十二月二十五日，參觀到花蓮縣秀林鄉銅門村泰雅族的祖靈祭，祭典地點假

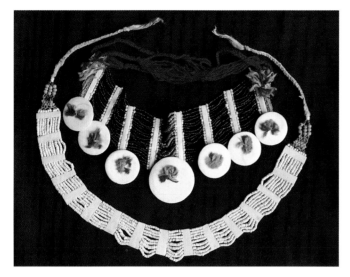

← 附圖8　泰雅族頭目主持儀禮時佩
　　　　帶之豪華貝殼製首飾兩
　　　　件

銅門國小校庭，主要的是祖靈祭與傳統狩獵出發前之祭祀儀式兩個項
目。由於未經媒體的渲染報導，故觀眾大多為當地人，所以嘈雜的現
象未曾出現；透過這一次儀式，年輕族人更深一層地瞭解到他們祖先
篳路藍縷的精神，不過現場所看到的傳統農耕儀禮，只能稱為雪泥鴻
爪，聊勝於無；倒是祖靈祭前面舉辦的出獵前儀式，對我而言，非常
新鮮而特別值得在此一提。

　　銅門村老頭目許慶祥帶領部落勇士數名，為了祖靈祭所需要而上
山打獵，以便日後即將舉辦的祖靈祭供奉之用，但出發前先派遣一人
上山打一隻山雞回來，由頭目親自殺之，用一個裝有米酒之小筒承接
鮮血，再以這山雞血塗抹每一支獵槍、弓箭，連每一個獵人也要在嘴
巴上塗抹雞血，最後每人輪流飲了一口雞血，才出發狩獵去。

　　這是屬於祖靈祭前的出獵儀式，是我以前未曾注意到的。返家後
我遍尋過去文獻（包括中日文）不著，勉強在「重修台灣省通志同冑
篇」第一冊第三四七頁找到一段豐年祭（原來的祖靈祭）有關記載：
「結束的前一天清晨，祭團領袖派一人上山打鳥，有所獲即帶回家
中，祭團領袖親殺之，並以血塗於手掌，之後，即可開始各項日常生
活之工作。」可見這一段記述值得商榷。出獵前塗鳥血在獵具上、嘴
巴上，甚至於一飲而盡，顯然是為了祈求出獵豐收的一種咒術性儀
禮，可是如果將此儀禮連結在豐年祭結束前的儀禮，然後「領袖一人
將血塗抹於手掌，才可以開始日常工作」，恐怕不合情理也不符事
實。不過，無論如何，我親自目睹到未曾被學者們記述過的泰雅族狩
獵祭實況，殊感幸運。

　　泰雅族的季節性農耕儀禮以外，尚有下列的臨時性的儀禮：乞雨
祭、乞晴祭與馘首祭，這三種儀禮雖稱臨時性的，但卻須由全部落共

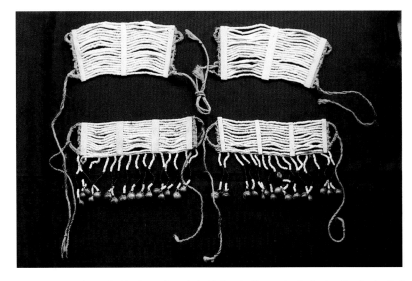

→〈參考圖〉 泰雅族男士用貝殼製
　　　　　腕飾（上）與腿飾
　　　　　（下）

↓〈參考圖〉 泰雅族男士用貝殼製
　　　　　耳飾

同舉行，而且前兩者均由巫師（女性）主持，這些祭祀幾乎被現代族人遺忘得差不多了。

首先，乞雨祭泰雅族話稱「崁邁西」(kanmaisi)，在女巫率領之下，社人扛著犧牲（通常為山豬或豬）至河邊，女巫先祈禱一番後，即開始由頭目執刀宰豬，將鮮血放流於河中，女巫從旁唸起禱祠，接著眾人齊聲呼喊：「求雨快下，求雨快下！」他們相信如此乞雨祭後不久，即可獲得降雨效果。（附圖9）

泰雅族話稱乞晴祭為「卡耶魯」(kayaru)（台灣話稱為「乞日祭」），顧名思義，可以知道是雨期過長雨量過多，反而對農耕有害而祈求太陽早出現。其方法也是由女巫率眾人扛著犧牲到附近山頂上（認為較靠近天空），先採一種泰雅族話叫做「苦其加耶伊」樹，並當場由頭目宰豬為供物，再由女巫向天祈禱，接著眾人昂首齊聲呼喊：「求太陽快露臉」，反覆多次即告祭畢。

本章的最後將談及泰雅族過去的馘首祭。這種祭儀，現代人不但看也沒有看過，連聽也未曾聽過，可是以勇敢而且特別富於尚武精神著稱的泰雅族與排灣族，過去曾經非常盛行，一直到日治時代中期（約一九三○年代），馘首之習才開始消失，當然馘首祭也就自然不再出現了。這種儀禮與後面將會提到的鄒族頭骨祭，在意義上完全不同。

提起獵人首級，大部份人會誤以為是一種殺人的野蠻行為，可是，對於過去原住民族而言，它是一種成年與勇敢的象徵，而且也是為族人祈求豐收的祭祀行為。關於獵人首級的宗教意義，容本著最後一章總結論中再詳述，在此僅將昔日他們「出草」的大致上經過記述如下：

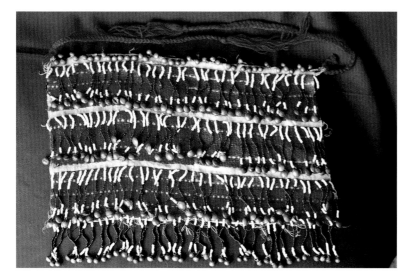

　　原住民過去離開自己部落往外去獵取首級，台語叫做「出草」，出草並非單純為了個人復仇的目的而為。不過，戰前日本學者小泉鐵在其著作中曾經表示：若為報私仇而將對方殺死並取下其首級亦可視為「出草」，這是一種廣義的解釋。戰前的日本總督府當局，為了法律上的解釋，有必要對出草與否的定義説清楚，所以當時傾向於若果為復仇的目的而馘首則不該視同出草，可見出草與一般人所謂的殺人，在動機上是大不相同的。

　　為了調查這些事情，一九七六年一月四日，筆者曾專程往訪宜蘭縣南澳村的泰雅族人陳台友氏之太太（當年五十六歲）。陳氏為日治時代到戰後之間擔任山地警員，直到五十多歲才退休而經營旅館，我與他已經通信一段時期，等到我想親自往訪時卻已過世。在日治時代原住民能擔任警員，非常稀罕，所以陳氏夫婦在當時族人眼中地位很崇高，他對於族人習俗瞭若指掌。除此以外，經花蓮市高山文化研究工作者許文龍的介紹，我在銅門村結識了一對耆老夫婦，他倆也提供了不少資訊給我（附圖10）

　　依據筆者調查所知，在同一部落內，個人與個人之間的仇恨自然難免，但幾乎不會演變成殺人的地步，因為在 gaga 的體制內，必會獲得調解而息事寧人。若果是對一個部落或一個社的復仇，必然會以雙方多數人戰鬥的形態出現，那也不屬於出草的範疇。要之：筆者在此要強調的是從文化人類學或民俗學觀點而言：出草與殺人的結果雖然相同，但動機卻截然不同。

　　往昔，出草也有時期性，通常多在泰雅族曆七月（等於太陽曆八月間）至翌年「整地祭」之間（農閒期），這恰好為他們捕魚獵物的季節，出草自然會選擇這個時候進行。若果馘首成功，必須舉辦馘首

→ 附圖10 花蓮縣銅門村一對耆老夫
　　　　婦，提供作者不少資訊
　　　　(1972)

↓〈參考圖〉 宜蘭縣南澳村一偶
　　　　　　　　　(1972)

祭，不成功則什麼祭祀也沒有，所以把出草及事後的儀式看作是季節
性農耕儀禮的一種，也無不可。

下面的記述係筆者在一九七○年代多次訪談所得資料歸納而成：

馘首團體組成之後，其家人即開始釀酒並要遵守多種禁忌，以免
導致出獵者遭遇到不利事情。出獵者在其行動中亦一樣要嚴格遵守禁
忌，並且要在靠近敵人居住地附近林中搭建草屋，夜宿其中，求夢占
卜，得吉夢者往前出發，得凶夢者即離隊歸去。

馘首並非每一次都能如願以償，也有相反結果出現，行進中仍要
慎重地不斷觀察許多徵兆。例如：一邊行進一邊傾聽路邊之鳥啼聲，
並觀察其飛行方向，藉此判斷行進路線及其位置之可否，若凶則宿於
原地，當夜若能得吉夢始可往前獵首去。

萬一馘首成功，即將首級攜往溪邊，除去腦漿，裝入背網袋之
中，凱旋歸社。社人聽到他們歡呼之聲，便知道出獵成功，無論男女
老幼都奔前在社口迎接。當雙方會合時，獵首團員即將自己的唾液吐
在手上，塗抹在前來歡迎的人們嘴上，此時此刻若果未被塗抹到的
話，將來自己將會遭遇到被馘首的不幸，即使出草去也獵不到首級。
在原始的社會裡，這也是一種可稱為「塗抹唾液儀式」的宗教行為。

當出草歸來的團隊在眾人擁戴之下進入社內後，獵首者即抓起首
級的頭髮，在圍觀的眾人面前拂動。他們相信患有疾病者遇到這個場
面，將受到一種禳祓的作用，疾病馬上會減輕甚至於痊癒。對他們而
言，一經狩獵到的首級，已經不是敵人首級，而昇華成為神聖之物。

當夜首級要放置在獵首者家中，其家人當天即屠豬宰雞，以饗社
人，並將屠宰時所得血液塗抹在馘首面頰上，還將豬肉或粟酒裝入其
口中，使其滿吃暢飲，並向首級祈禱說：

「你終於來到我們的社中，我們給你飲酒也給你暢快地吃飽一頓，所以你要把你親族甚至於全社的人們，都召集到這裡來。」

　　當夜全社的人們都要參加盛宴，並載歌載舞，通宵達旦。翌日，眾人在社中央處製造一個首級架，將新獵首級放在中央，古老的首級放在左右兩邊一排。對於新來首級仍如昨夜那樣再將酒菜裝入口中，gaga 的領袖（也有由頭目出面），站在首級架前面，唸禱詞云：「你已經成為我們社中之一員，所以要把你以前的親朋好友都帶來給我們。」

　　禱詞內容與前夜在獵首者家中所唸，大致相同，不過，此時係由領袖唸的，帶有韻律與節奏，在場其他人亦齊聲歌唱，並開始跳舞。

　　新首級連續一個月左右每天都獲得食物的饗應，頭骨架亦繼續放在原來位置。大約要等到這種馘首祭再舉辦三次，架子才會拆除，而首級還給各獵首者帶回家裡；通常他們都把首級用籐條捆紮，懸掛在穀倉簷下（有的社的私家頭骨架係設在穀倉附近）。如此，首級在簷下風吹雨打日曬，逐漸地風化，新首級亦逐漸地成為老首級，而每當舉行馘首祭時，它們都要被奉到新設首級架上，去陪伴新首級出場。

　　獵頭之習俗均在昭和十年(1935)左右大致完全革除，所以其祭儀或信仰，如今僅留存於少數老人的記憶之中。

註解：

註一：為避免讀者誤會，再此強調一次：早期室內安葬習俗，在昭和
　　　七、八年左右開始已經逐漸改為為室外埋葬。

註二：關於gaga的含義及其組織，日本學者大形太郎著「高砂族」
　　　（1942，東京育生社弘道閣版）P258~269，有非常詳細的解
　　　說。

註三：古野清人著「高砂族　祭儀生活」則說：「祭團內若過去一年
　　　無人死亡，則朝東，若有則朝西」，極可能是古制，已經過了
　　　數十年，筆者調查時已無此說。

賽夏族矮靈祭主祭朱氏穿
衣服跳舞（

2 賽夏族

SAISIYAT

二、賽夏族

(一)神靈觀

　　賽夏族的居住地位在新竹苗栗之間，與泰雅族緊鄰而居，所以對於神靈的稱呼，如今大多使用泰雅語阿留斗(aliutux)，可是，實際上賽夏語的固有名稱是哈文(havun，「文」一字用台音唸，則較準確)，卻被大多數族人所遺忘。

　　他們認為壽終正寢者之靈魂是「善靈」(imdkaiza havun)，自殺、被殺、難產等死於非命者之靈魂，會成為「惡靈」(imaauhai havun)，經常發出類似大梟的叫聲，令人毛骨悚然。所有的哈文都無法用我們的肉眼看到，可是均具保護其子孫的力量，從日常的生活到出外打獵，都得靠哈文的保護，連人的生死病老都與哈文有關。可見對賽夏族而言，哈文是靈魂也是神祇，用「神靈」稱之至為恰當。

　　他們對於哈文尚有新舊之分，祖父母的靈魂叫做”ka-vaue”，父親的靈魂叫做”ka-ma”，母親的靈魂叫做”ka-ina”，祖父母級以上之祖宗靈魂特別叫做「他替尼哈文」(tatini havun)也就是「祖靈」的意思。

　　漢民族有「三魂六魄」之稱，賽夏族亦有類似的想法，可是較為具體。自古以來，他們認為正常的人均擁有八個「魂」(azum)，它們位在人的雙手之動脈、左右兩胸、左右兩肩、頭頂、背部中央等八處，白痴等智障人是不足「八魂」的人。靈魂會有出竅之事，夢便是其中之一種；出竅的魂會回來在睡覺中告知，便形成夢。其實世界上大部分民智未開的民族都抱有這種看法。賽夏族還將惡夢解釋為祖靈在催討供物，通常都會在近期設法供奉酒飯與豬肉，祈求繼續庇護。

　　賽夏族比較奇特的想法，就是認為善靈停留在人的右肩，惡靈卻停留在左肩，所以左撇子表示其惡靈佔優勢，因而很忌諱左撇子，其幼時父母都會想盡辦法加以矯正。

　　賽夏族也有幾種卜占，其中亦有可視為學習泰雅族的，然而亦有固有傳統的。例如他們有一種可稱為「水占」的奇異方法：巫師手執高約一寸左右的竹筒（亦可稱為竹杯），裝滿水後倒入一小竹管，將耳朵靠近去聆聽水中傳來聲音，可以聽到神的意旨。做這種「水占」的巫師，特別叫做「卡媽莎拉侖」(kana sara rum 意為做水占的人）

　　還有一種治病的咒術很奇特，也與水有關的。巫師左手持裝滿水的容器，然後坐在病人旁邊，右手執一根茅草伸進水中，唸了咒語之後，快速抽出茅葉，機率雖甚少，偶而會在葉上留著水滴，即將之吹

入病患的雙側太陽穴及顱門。如此反復施法並不住地唸著「靈魂歸來」。他們相信這是最好的治病方法；這種治病法叫做"amke azum"，意為「找回靈魂」。

不過，在此必須附註的，是賽夏族與泰雅族一樣，只有女性充當巫師，沒有男覡的存在。

談起賽夏族的原始信仰，則不可遺忘他們矮靈祭的特殊存在。

本來賽夏族的傳統祭儀類別很多，其中最重要的是「矮靈祭」，其次為「祖靈祭」；後者係以祖靈為祀拜對象，在其意義上，與其他種族的祖靈祭拜，無甚大差異，而且規模亦較小，可是，矮靈祭卻集結了賽夏族所有姓氏與地域群，成為該族最盛大，最具特色的祭儀活動，如今已聞名於海內外。

關於賽夏族的始祖怎樣出現的創世神話，過去曾經出現過多種版本。依據筆者實地調查所知，在一九二〇年以前，全族分居在十一個部落，均以社稱呼之，北部有三社、中部有三社，南部有五社。然而現在大家都將該族的居住地分為北群與南群，下面先介紹北群的創世神話（筆者在一九七〇年採錄）。

太古時代某地大洪水來臨，平地瞬間變成蒼海，朱姓兄妹兩人將織布機的木製圓筒充當浮舟，兩個人坐上去，終於漂流到李頭山。然而不久其妹死亡，兄抱著遺體往山麓的池畔，把妹屍切成許多小片，將其中一片用樹葉包了之後，放入該織機筒之後不住地唸著「妹妹，汝若有意安慰我，則馬上化為人出現」。說著說著將機筒沈入池水之中。果然不久便變成一個人出現。兄立即將他拉上來，給予「豆」姓；接著他又如法泡製，將另外一片肉沈入水中而得到另外一人，給以「日」姓。如此反覆著，終於獲得了風、土、種、高、蟹、錢、夏等九姓的人，嗣後他在森林中徘徊之際，偶然發現地上散落著剝下的山芋皮片，認為必有人居住，經過尋覓後果然發現一個人，將他帶回社內，授以狐姓，讓這十姓十人共同住在社裡，竟成為族人發祥的基礎。

至於南群的人們之間，卻流傳著另外一種說法：

太古時代發生洪水，平地變成一片汪洋大海，有一個男人將織布機的機筒充當小舟，乘著它漂流至「怕怕山」，然而山上住有一位神祇，叫做「他布哈卡里」，他把那男人殺死，然後將其肉投入海中，

創造出許多人來，南群族的祖先即是那被神所殺死的人之化身。

南群的族人大致都相信他們祖先是如此產生的，可是只有潘姓族人之間流傳著另外一種說法：我們的祖先係住在後壠，約一百年前遷移至此，才首次使用潘姓而傳至現在。

這個神話似乎可視為一部分種族構成因素的註解，具有再進一步去研究的價值。我猜測他們很可能就是後壠一帶之平埔族演變而來的。

據我調查所知：賽夏族的姓氏長久以來都使用漢字，例如：北群有朱姓、夏姓、蟬姓、狐姓、絲姓、潘姓等，南群則豆姓與潘姓較多，另外尚有日姓、高姓、朱姓、根姓、絲姓等。這些姓氏大致與自然界的動物、植物、氣候等有關之名詞，頗引起日本人類學家的注意。戰前即有人主張台灣賽夏族的姓氏之形成，可能類似北美洲印地安紅蕃過去盛行的圖騰主義(Totemism)。

所謂圖騰主義一詞，在台灣隨著國民政府入台統治的需要上，許多普普通通的吉祥圖形都硬將它們說成學術用語的「圖騰」，龍也是其中之一，然後強調中國人是龍的傳人，至為偉大而神聖。

其實龍是由蛇的美化所形成，由恐怖而敬畏之，這如同全世界未開化民族都拜過蛇是毫無兩樣的。印地安人相信某一個部族社會與某一個特定動物或植物發生過超自然關係，而將該物加以崇拜，totem 一詞實由此發生；他們不但不敢殺死其為圖騰的動物，而且極其崇拜牠們，希望得其保佑。

信奉圖騰制度的種族，對其信奉的圖騰會舉行積極的增殖儀禮，也有禁止食用或加以殺傷的消極儀禮。在圖騰制度之下的單位集團，若果是親族集團的話，通常都成為他們與外單位（信奉別種圖騰）結婚的依據。換言之，信奉同一圖騰的部族（或氏族）互相不可結婚，所以信奉圖騰的習俗，有信仰的一面，也具有社會組織的一面。

許多學者將圖騰一詞誤以為是中國話，依照字面上意義擅自加以解釋，以為大凡有古代意味的圖形即是「圖騰」，於是以前一段時期，圖騰一詞滿天飛，殊不知圖騰一詞是印地安的一族叫做「奧基布威族」(Ojibway)的語言「totem」，音譯而成「圖騰」，其實並不是單純指某種圖形。

根據嗣後許多外國學者研究，發現除了北美洲印地安紅蕃以外，

東北亞狩獵民族也有與這種類似的「動物（或植物）崇拜」的事實。站在研究原始宗教的觀點而言，這種圖騰主義，其實也是泛神主義（animism）的一種。

至於賽夏族的姓氏採用了諸多動植物之名，顯然帶有圖騰主義的性格，只是這種現象與印地安人的信仰或社會制度比較，尚有不少差異，在此僅附註幾句而已。

再說賽夏族的創世神話尚有一則更妙絕的說法：太古時代洪水來襲，人們失散逃走。有一男人乘織布機筒逃至西魯比亞山，那裡有一位神，把他捉住以後加以殺死，並將肉切成碎片，口中唸咒語，把它們投入海中，它們竟悉數變成很多人，他們即是賽夏族的祖先。接著將其腸投入海則變成台灣漢人的祖先，他們所以長命，是由腸子較長；接著將其骨頭投入海中，得到泰雅族祖先，他們之所以頑強是由於骨頭化成的。

這個神話不但說明賽夏族祖先之由來，也巧妙地闡明了緊鄰居住的種族：漢人與泰雅族的特徵，是一則相當有趣的神話，令人聽了不禁拍案叫絕。

(二)矮靈祭與神話

矮靈祭是台灣現存最原始，也最完整的原住民祭典儀式。若借用日本文化財保存法的觀念言之，這種祭典的整個過程，最值得列入「無形文化財」而由國家指定為保存對象。在清代以前矮靈祭每年一次，在新竹縣五峰鄉大隘村及苗栗縣南庄鄉向天湖兩地，分北‧南兩祭團各自舉行，到了日治時代中期，日治當局以浪費為由，勸導他們改為每兩年舉辦一次，但仍舊分北、南兩地舉行。

由於環境差異，兩地祭典儀式已有些微不同：新竹五峰鄉交通較方便，每一次平地人都風聞趕至者眾多，致使祭場秩序大亂，該有的壯嚴氣氛也被破壞無遺。至於苗栗南庄向天湖卻因地處閉塞，祭儀較能完整進行。北、南兩地標高都超過一千公尺左右，使祭典更充滿了神秘性。

該祭之大致情形是：每隔一年的農曆十月十五日前後，賽夏族以贖罪的心情祀拜矮靈，先由南祭團開始，隔一天再輪到北祭團。

一九七四年矮靈祭，筆者曾前往做過現場錄音，包括主祭者的禱辭及祭歌，然後請長老們幫忙解讀。可是我所獲得的回答，卻是「裡面含著不少古語與廢止使用已甚久之語句，甚至於有許多句子是依照先祖所教導下來的，照唸照唱而已，當然不知道其意思。」

不過，筆者從戰前日本學者留下的文獻，以及個人調查所知，矮靈祭歌詞及禱詞綜合可以判斷為其種族與外來的矮人交往的史詩。由於這些禱詞與祭歌演變成賽夏族人的外來矮人之傳說，而且歌詞之中亦為其後人規畫了祭儀的基本程序與目的，所以這種神話的傳承是相當典型的，也相當原始的。

依據日人小川氏所採集的神話及新竹縣志的記載：

昔日賽夏族與矮人族相交甚為篤密。矮人被賽夏族稱為「達艾」(taai)，他們農耕技術較為進步，頗擅長巫術，對賽夏族幫助頗大，不過矮人族喜歡玩弄賽夏族婦女們，使得賽夏族人忍無可忍，於是他們策劃了一次祭典，邀請矮人前來參加，當歌舞完畢，飯飽酒醉而宴席告終後，成群矮人們照例必須經過高懸在峽谷上的獨木橋，可是，此日卻事先被賽夏族人動過手腳，獨木橋馬上斷成兩截，矮人幾乎全部葬身於深谷之中，只留下兩個人落荒而逃。當他們逃亡之際，敬告賽夏族人：將來每年一次要舉辦祭拜矮靈儀禮，否則必遭受天誅。最初賽夏族不理睬，可是翌年即發生瘟疫，收成亦大減，使得他們不得不承認咒詛的應驗，所以嗣後每年一次隆重地祭拜，一年一次屬小祭，每十年一次為大祭。

一般人談起神話都會視為「荒唐」或「古人編故事」，一笑置之，可是神話中的歷史性格，不該如此簡易地加以抹殺。荷馬的「伊利亞德」與「奧迪塞」最初只被視為杜撰的敘事詩，到了十九世紀修

利曼(Heinrich Schliemann 1822〜90) 發掘了特羅亞而證實了它，竟變成了「史詩」，便是一例。筆者在前面提出：矮靈祭中的口承歌詞與禱詞，均可視為記載了賽夏族與外來種族交往始末的一部珍貴「史詩」，理由就在此。

矮靈祭整套日程為五日，主要包括告靈、迎靈、會靈、娛靈、送靈等五種祭儀。

第一天的「告靈」係早晨由村中一名勇士以去掉鏃的竹箭，射向相傳矮人曾經住過的洞穴（純屬象徵性）。第二天下午由主祭攜祭品（酒與肉）並率領族人代表前往東方方向的約四十公尺地方的一小塊空地上，向東方祭拜，接著在現地調解村子裡去年祭典後發生的種種爭執，直到黃昏時候才把祭品分送給各代表，各自回家聚餐。由於戰後這一類糾紛有政府機構可解決，故現今拿到這裡調解的情況甚少，因而這「迎靈」的儀式都是提前結束。告靈與迎靈儀式，只有主祭及氏族代表參與，不准外人參觀，頗具神秘性。

第三天為會靈日，黎明時份各氏族派遣最近運氣較好的人，上山採芒草，以供村民家家戶戶綁上大門、房間、重要器物上，甚至於要進入村子的人或計程車司機都要如此，因為他們相信芒草有避邪作用。另外一方面，主祭率村人唱歌後，從主祭室推出木臼在門外空地上，然後由一位童貞少女開始春小米（粟），一群老人（亞祭團）面朝東方肅立，齊唱祭歌對矮靈表示敬意，一直到那個少女春粟完畢為止，接著主祭與亞祭團陪送著矮靈赴祭場（會靈所）。這個儀式過去也是絕對不准外人窺視，可是近幾年來稍鬆些。此日男人們紛紛到溪邊去捕魚，婦女們即回家做小米麻糬。

從第四天的日落時起，歌舞通宵達旦，這「娛靈」部分，是容許外人參加的（附圖11）。無論南北群，均在廣場左邊空地上設有祭壇，祭壇之前有堆營火。穿著傳統服裝的主祭（附圖12），在舞蹈開始前上台唸了一段禱詞，接著展開手牽手繞著大圓圈的形式跳起舞來。據說若遇每十年一次的大祭，祭壇邊要插著一支高達十二尺長、三尺寬的白色旗幟，作為旗桿的竹竿頂端，尚保留著諸多枝葉，上面還掛著一個花球。賽夏人稱之為「蛇旗」，雖然在他們現今生活中很難尋找出他們與蛇有關的直接證物，然而或許可以推測更古老的時代有過密切關係也未可定，這一點留給我們一個很好的線索。不過，饗應鬼魂要

附圖12　矮靈祭主祭朱氏家族所穿
傳統織布衣（1974.11.30）

撐起旗桿式的旗幟，這一點應該是學習漢人普渡前即以「燈篙」告示眾鬼魂的習俗。賽夏族與客家部落緊鄰而居，現行的賽夏語中混有四分之一左右的客語，便是一個旁證。

在第一次採訪矮靈祭時，我看到朱姓主祭與亞祭團中一位長老所穿盛裝，是當時賽夏族僅存的兩件該族傳統花紋麻線織布製成的，相當精緻而且花紋優美，令人嘆為觀止。我把它們攝成幻燈片保留至今（附圖13），可是數年後再往訪時，該兩件早已不見了，據說賣出去了，讓我嗟嘆與惋惜不已。

話說娛靈的歌舞，除了村民共同熱演以外，還會出現兩種點綴物：旗幡與鈴板在行列之間，來增加熱鬧氣氛。所謂旗幡係由每一氏族派出的年輕人扛在肩上，到處奔跑的「龍頭」，其外形並無一定的規定，大致上如同漏斗，上寬下窄，中央上方配有一面七、八公分直徑的小圓鏡，幡上縫有許多花花綠綠的小布條，背後用一支垂直的木棍撐著，還配有許多小鈴子；賽夏語稱之為「辛那旦」(sinnadun)。還有一種是用青、紅、白三色布條下垂的特殊旗幡（附圖14）。至於「鈴板」（稱它為「響板」亦可）係供年輕舞者揹在身後，由上而下懸在腰部，利用前進後退的舞步來響鳴木板上下垂的整排鈴子。鈴板上所配的鈴子，北群多用第二世界大戰期間，盟軍或日軍用畢遺棄的子彈殼（附圖15），南群則以一寸長左右之竹管繫以繩子充當，間或有少數幾顆彈殼與現代銅鈴等組成。若依照戰前日本學者的調查，都是泰雅族或阿美族巫師占卜禱告時使用的畸形銅鈴（直徑2～3公分，鈴中無舌，係依靠鈴身相碰而鳴，可視為打擊樂器的一種）。這個娛靈歌舞通宵達旦。

第五天是送靈祭典。在天欲曙時，主祭即與其他長老忙著準備工作。（既然前面是「迎靈」，在此稱「送靈」是順理成章，可是，也有些賽夏族人卻硬把它稱之為「逐靈」，可知他們昔日對於矮靈的害怕程度；內心敬而遠之，卻不得不加以祭拜的心態，表露無遺）。

再說主祭與長老們正在會靈所忙著準備之際，娛靈場上的祭舞隊形的移動，逐漸變得劇烈，歌聲也變得更高昂更堅決。大約六時三刻左右，歌聲突然停止，舞者散到四周，接著展開的一些咒術性的表演（或許應稱為象徵性「攘祓」，更為恰當），例如：由兩個男性共飲一瓶自釀米酒，共食一塊麻糬，表示大家同心協力；然後兩個人挽著手

附圖13　祭祀中朱氏主祭所穿傳統衣服（局部放大）

→ 附圖15 矮靈祭舞蹈時，必有人揹
　　　　　著「響板」跳舞，增加
　　　　　熱鬧氣氛（1974）

跑到後山林中去。接著老人們開始唱歌，有些人圍上來跳舞，可是此
時之歌聲顯得蒼涼無力，舞步亦有些遲緩，有個族人告訴我說：這是
「遣歸之歌舞」。

　　其間出現另外兩個男子手持沾著地上泥漿的藤盤，塗抹在舞者的
身上，表示可以「去病避邪」。一位長老折了兩段桃枝前來娛靈場
上，族人紛紛趨前拔取葉子，用以包裹小石子，以便逐靈時擊趕矮
靈，使其不敢逗留不走。剛才上山的兩個男子，這時急速奔回現場，
手攜帶著兩根赤楊樹枝，追逐一個手抱一大梱芒草結的女子。在場的
所有族人也紛紛把身上的芒草拆下，往東方丟棄，表示逐靈的儀式完
畢。一些年輕人此時把所有祭架搬到斷崖，往下拋棄，並唸唸有詞
說：「不要加害於我們！」，許多人剛才用桃葉包裹的小石子，也象
徵性地投向東方。

　　從整個矮靈祭的儀式程序、神話、祭歌等，我們不難發現賽夏族
社會組織及父系氏族之運作；尤為值得我們注目的，是各項祭歌領導
儀禮的進行，這是台灣的其他種族所沒有的，而且祭歌有章又分節，
每節必換韻、每句為七音，句末必有押韻，所以我稱它為「史詩」，
一點兒不為過。不過令人擔憂的是賽夏族的整套祭歌，平常不准歌
唱，必須面臨祭典前一天才可以練唱。據說目前南北兩地的老人能夠
唱完計十六首祭歌者，尚不及二十人，我所以擔心不無道理，何況禱
詞之大半內容，族人早已不知所謂了。

附圖14 矮靈祭舞蹈之陣頭（1974）

排灣族大頭目佩帶
古代琉璃

3 排灣族

PAIWAN

三、排灣族

(一)神靈觀

　　排灣族的創世紀神話有兩種：第一種是說：「在太古時代，在名叫『巴那巴那楊』的地方，有一塊大石，某日從巨石生出一男一女，他倆就是排灣族的始祖」（筆者臺東縣呂家社採集）。

　　「太古時代，一個名叫『阿拉哇楊』的地方，有一塊巨石，某日該石突然裂開而出現一個女人（筆者按：應該是女神才對），她的雙眼長在雙膝蓋上；不久從她的後踵生出一個女孩，當她長大後，一日由大南社來了一個男子，突然洪水來臨，將一帶的東西都沖走，只留下他們兩個人，於是結為夫婦，生下來後代子孫。」（筆者在臺東縣知本社採集）。

　　這兩個神話骨子裡大同小異，其重點均在先祖是由巨石出現的。不僅僅台東縣，屏東縣內排灣族亦有此說法。另外一則即是筆者在台東縣金峰社・達仁社等地採集的。

　　「古昔，一個女神出現，她手執一竹，將竹子插在地上，不久由上節生出一個女的，由下節生出一個男的，他倆便是排灣族的先祖。」

　　這三種故事係我在一九六○～七○年田野調查所採集的，最近二、三年之間，我亦曾舊地重訪，到過一些排灣族部落，昔時所見故友均已亡故，較年輕的一代，幾乎都不知道自己族中有這種神話。僅僅二、三十年的時差，一些文化跡象流失得如此快速，真是可悲又可嘆。可是，為了整理拙稿，我尋找許多戰前的日著，意外地在「蕃族調查報告書」（排灣族篇）中發現到作者佐山融吉所採集的創世神話多達二十一話，換言之：二十一個部落出現二十一種版本的創世紀；更令我感到驚異的是這些故事都是很長，還描述其後代子孫分別與卑南社、知本社頭目結成婚姻的經過。

　　佐山氏採集這些神話時期，應該是其作序（大正九年・一九二○年）之前一、二年左右，也即是一九一八～九之間；慢了他約四十多年，我採集的結果已經如此的簡化了，難怪現在的排灣族人（從事文史工作者除外）完全不知道，對此也不會感興趣。

　　不過從其序言中我發現了一段非常有趣的記載，譯出如下：「排灣族雖然可分為十幾個部族，然而其創世傳說有說其祖先由巨石出現的，也有從竹子出現的。凡說由石頭出現的，大多住在石板屋，說由竹子出現的，大多住在竹造屋。」在我田野工作期間，只注意到石板

〈參考圖〉　排灣族大頭目佩帶之古代琉璃珠豪華首飾（部分放大）

→〈參考圖〉 屏東縣三地村部頭目
　　　　　家石板屋(1965)

↓ 附圖16 屏東縣排灣族德文社頭
　　　　　目家前之石板祖靈雕刻
　　　　　像（森丑之助攝於1905
　　　　　年）

屋，卻忽略了竹造屋的存在，如今得知此訊息，可惜已經無補於事；因為現在保存石板屋的部落已經所剩無幾了，要找到古式傳統竹屋更難。森丑之助於一九〇五年九月間，在屏東縣德文社頭目家前拍到一張石板人物雕刻像，是祖靈像的代表，似乎也反映了祖先由巨石出現的神話（附圖16）。

關於排灣族的創世神話，還有一則非常重要的：「太古時代，太陽生出了兩個蛋，當時沒有動物可加以孵化，恰好一隻百步蛇出現，盤居在上面，竟加以孵化了，從蛋孵出了一男一女，他倆即是排灣族頭目之先祖。」

由於全台灣的原住民各種族之中，僅僅排灣群族（含排灣族、魯凱族、卑南族）的社會組織有大頭目、小頭目等貴族階級，事實上也只有他們一家人才能夠在屋子裡裝配蛇紋浮雕的木柱或軒桁，身上的刺青或織布上可採用蛇紋，同時也只有他們擁有貼上蛇紋浮雕的陶壺。換言之：蛇紋代表貴族，平民不敢冒犯，更不要說要捕殺蛇（尤其百步蛇）。必須先瞭解這一則神話，才能夠明白排灣群族生活用品上蛇紋的含意，更甚者，即使說過去整個排灣群族人都視百步蛇為其信仰崇拜的對象（如同漢民族拜龍），亦非過言；至今仍普遍地有此想法。

至於排灣族對神靈或鬼魂（含精靈）的看法怎樣呢？他們用「茲瑪斯」(tsumas) 一詞來總稱之，還相信右手有善靈居住，左手為惡靈所居住。每一個活著的人都有靈魂，叫做「沙拉意」(saraj)，死後即變成「茲瑪斯」，而因事故而死亡者的茲瑪斯，特別叫做「古瑪拉基」(gumaraj)，它們是典型的惡靈(nakuya tsumas)。要給惡靈供物，只能使用左手。

古瑪拉基一詞含有惡靈之意，也是一種妖怪。過去排灣族人非常容易相信自己曾經看到妖怪；他們大致上認為它們與人(tautau)的形態大不相同，夜間出沒於村子裡或山野之間，也會發生怪聲，甚至於白天會變成猴子出現。

他們所謂「善靈」(nawawaka tsumas)，通常都指壽終正寢的祖先靈魂，也就是他們泛稱的「祖靈」(vuvu)。排灣群族均有族人共同的祖靈祭，每年一次，最盛大隆重的是五年祭(majubok lumuliad，詳情看後述)，此時各戶均先關閉大戶，等到由外面傳來祭司高喊「祖靈來到了」之聲，才敢打開大門。理由是不這麼做，難免溺死者、難產致死者等枉死鬼魂（典型的古瑪拉基）會乘隙而入。一般人死後都會到名叫做「卡波羅安」(kaboloan)的地方（相信在大武山上），去過另外一種生活。泰雅族則將這個地方稱為「卡里唯恩」(kaliviun)山，發音相差不多，觀念上似乎有些關係。

排灣族有各「社」的守護神，叫做「其那蔣」(Kinajan)，它是整個「社」的「生命」(nasi)之所在。其那蔣雖是神，但無人能夠說出它是男神或女神。特別值得我們注意的，是排灣族的神話略具諸神系譜，例如他們相信天神叫做「伊巴巴奧」(Ibabao)，是住在天上的老母；他們祭拜時首先要拜「伊巴巴奧」與「其那蔣」兩神，另外還有創造神「那瑪寇提」(namakote)、山神「伊查耶」(Izaya)等，當然它們統統都是「善靈」。然而創造神的存在，使我不由得想起迄今仍盛行在巴里島的印度教諸神的存在（註一），也想起了曾經調查卑南族（排灣群族之一）時所看到的供物形態上的印度教意味（註二）。

在此順便要提一提排灣族的祖靈像造形問題。前面曾提示森丑之助在一九〇五年拍攝到的頭目家前的石板人像，這該是最傳統的整個族人先祖的象徵，可是每一個頭目家之主柱表面上必有的人物浮雕，卻是象徵頭目家先祖之像。新公園內國立台灣博物館藏的三件（附圖17、18），便是大正年間搜購到的傑作。祖靈像也有如（附圖19）圓雕立像，其紀念性作用較大，然而未曾作偶像祭拜。

他們還相信人的靈魂有二，分居左右兩側，若果右魂從右側出竅，則變成患病，若果右魂死了，它是善靈，所以必赴大武山的極樂世界「卡波羅安」(kaporoan)；若果左魂死了，它是惡靈，必下地獄（也是餓鬼道），叫做「卡克梯旦」(kakutitan)。不然則變成孤魂，遊

↓〈參考圖〉　菲律賓呂宋島高山族
　　　　　　（伊哥羅族）木雕匙
　　　　　　（1981）

↓〈參考圖〉　台灣排灣族木雕匙

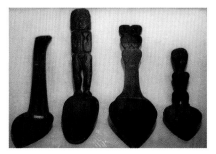

→ 附圖19　至爲少見的排灣族祖靈
　　　　像木雕

↓〈參考圖〉　排灣族木雕梳子

走於蕃社內外。人所以會做夢就是右魂外出遊玩的結果，萬一在夢中看見自己被「茲瑪斯」捕捉了，不久便會罹患疾病。這個時候，必須請巫師前來作法。

巫師為病人作法治療叫做「巴里西」(parisi)，其實這一句話也可當做「祭祀」、「神聖」、「不吉祥」等使用。例如發生非命死者的場所叫做「巴里西安」(parisian)，意為禁忌之地，不可靠近。這種地方絕對不可加以開墾，只好放著不理。

正常死亡者的遺骸，過去一向都埋葬在屋內地板下，其墓穴空間大約長五尺、橫三尺、深四尺左右，採取仰臥的姿勢（也有採取坐姿的地方），一直到葬滿沒有空位才搬家。可是，如果是因難產而死亡者，其用品及衣服幾乎要全部拿到野外捨棄，把遺骸埋葬之後即棄家他遷。

他們相信妖怪(gumaraj)原來也是人，卻因死於非命（例如被毒蛇

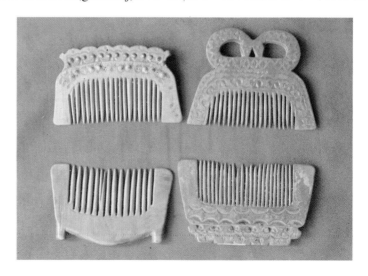

附圖17　排灣族頭目家主柱必刻有祖靈像
　　　　（國立台灣博物館藏）

附圖18　排灣族頭目家之主柱浮雕及少見祖靈像木雕
　　　　（國立台灣博物館藏）

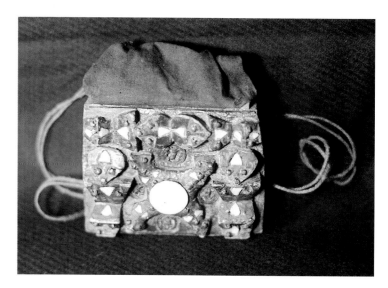

咬死、溺死等）的茲瑪斯，離開餓鬼道(kakutitan)，來到人間乞食而變成的；他們也有對人作祟而使人患病的情況發生。遇到這種情況，必須請巫師作法，供奉豬肉或檳榔，並用法術驅逐之。

　　筆者曾多次探查巫師作法治病的情況。首先巫師（女性為主）坐在病患前面，先卸下揹在背後的咒術器具盒（日語稱之為「祈禱箱」（附圖20.21），沿用至今，似很不恰當，它是盒不是箱，而且早期是籐編器（附圖22），後來才演變成木盒子），裡面通常裝著三件最起碼東西：一支小刀（約十多公分長，易與檳榔小刀混淆，但兩者有截然不同的形體與花紋）與一塊早已乾的豬皮及幾口新鮮檳榔。作法之前現場還要準備一支帶葉子樹枝及一碗清水。比較隆重時，檳榔係用刺繡裝飾的美麗小袋子盛裝，它也是一種難得的原始藝術品（附圖24）。

　　當作法開始時，巫師即唸唸咒語一會兒。據事後她的解釋是：與對方的惡靈談判，看是何方神聖。有可能是飢餓的祖靈，也有可能是惡靈或妖怪，確知之後，接著談提供供物的條件。普通小病都是供奉檳榔幾口及豬肉一塊就可以將對方打發掉。談妥條件之後，巫師即打開器具盒，先拿出幾口檳榔放在較大面葉子（充當供盤）上，接著拿出那一塊乾得接近硬皮的豬皮，用小刀子略作削切的動作（純屬象徵性），表示已經給對方供奉了一大塊豬肉了，此時仍然咒語不離口。這些動作完畢之後，接著拿起放在地上的碗水，另外一手執樹葉枝子，一邊唸咒語，一邊把樹葉沾上碗水，灑在病人頭上及身上，如此反覆多次，即告完畢。

　　依據三地村老頭目（也是當地著名雕刻師）Taugado Kohi 說法：昔時聽說有過鳥卜之法，但早已失傳了（附圖23）。我再查閱「蕃族調查報告書」，上面記載著：「雄性慈敖鳥叫了一聲『茲敖』，接著雄的

← 附圖23 屏東縣三地門大頭目 Taugado Kohi 氏提供作者諸多資訊（1972）

↓ 附圖24 排灣族巫婆作法時攜帶檳榔祭品之刺繡袋子。

叫出一聲「克利克利」便是吉。若僅單方一聲為凶。里莫奧珊鳥由左方飛往右邊（橫飛）也是凶」，僅此一則而已，可知當時已消失之中。

(二)豐年祭與樹皮球賽

　　綜合了各地排灣族故老說法及日治時代日本學者收集到的口碑，可以獲知排灣族本來居住在屏東縣內隘寮溪流域之霧台、瑪家一帶（後來這一帶反而變成從台東山區越中央山脈尾端的魯凱族居留地），大約在十七世紀初葉開始向東南邊移動，經過半世紀左右，終於遷居到北起大武山、南至恆春，西起枋寮，東到太麻里以南之海岸線三角地帶，其居住高度在海拔五百公尺至二千公尺之間，其行政區域分屬屏東縣內七鄉：瑪家、三地、泰武、來義、春日、獅子、牡丹等及台東縣內：金峰、達仁兩鄉，也有些人習慣性地指大武山以東之排灣族稱為「東排灣群」，以西則稱為「西排灣群」，人口約四萬八千餘人。

　　以現在地勢而言，排灣族主要散居在沿著太麻里溪流域赭土緩慢起伏面之山區，族人幾乎都相信海拔三千多公尺的大武山為神話的發源地。他們相信終年雲霧縹緲之山巔，住著掌管農事的粟神。他們篤實勤勞，樂天知命，並相信超自然的神靈、祖靈等，而以大武山為表徵的粟祭，有一連串的祭祀行儀，其中尤為重要的是：粟播種儀禮、收獲儀禮、古樓五年一次大祭等三項。

　　其實，真正古樓舊社尚留在更高山區裡，現址係日治末期下遷而成的。我曾多次想由來來村爬登上去探查遺址，卻無人可嚮導，而且山路陡峭難爬登而作罷，（距今已有三十年的往事），當時據說尚有一對老夫婦不願意離開故居而繼續居住其中，不知下落如何。

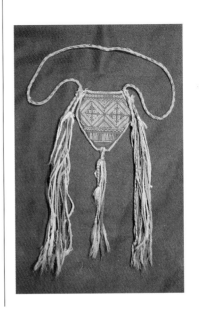

→ 附圖25 排灣族貴族階級的傳統禮服（1980）

↓〈參考圖〉 呂宋島伊哥羅族之佩刀（菲律賓大學博物館藏，1976攝）

遷至新古樓村村民，為了延續古古樓時代的排灣族傳統，仍然每隔五年即展開一次大祭，從未曾間斷過。由於其慶典隆重而意義深遠，不但在外謀生的族人都要回來，慕名而來的中外觀眾亦絡繹不絕。

茲將一九七九年十月廿五日古樓村舉辦之五年祭所見情況記述在此。該村屬於屏東縣來義鄉內，現有一六七戶，一千七百餘名族人（以一九七八年調查時為準）。祭典當天男女老幼都出現在廣場上，貴族階級更是衣著豪華異常（附圖25）。早晨七時即展開了「迎神」之舞，每一舉動都顯得非常虔誠，氣氛嚴肅。供桌上排陳著粟酒、豬肉等供物。迎神之後，他們沒有如同賽夏族的矮靈祭上冗長的禱詞，僅由三位頭目吳開花（女74歲）、羅安定（男54歲）、宋昭和（男74歲），將族人分為三組，每一位帶領著一組人馬，精神高亢、歌聲嘹亮、用純熟的舞步，跳起舞來。這就是酬謝大武山上諸神祇這五年來佑福他們，使他們五穀豐收，生活安定的美意，這也叫做豐年舞。

上午八時起，乃是五年祭之壓軸節目戳刺「樹皮球」競賽活動。所謂「樹皮球」係全以相思樹之曬乾皮條編成的（較壘球大些，附圖26）。與會的族人在規定的範圍內，垂直掔著兩丈多長的竹竿，大家凝視著大頭目（此日由民選村長代為執行）手執之樹皮條球，當他往高空拋去，便競相將竹竿之尖頭朝著球戳插過去。當然戳中的機會甚少，可是，過去排灣族人舉辦此競技，目的是祈卜未來五年全村的命運，因為球內尚裝有物品，以其內裝物之不同，有不同意義；可是，民主思想早已侵入深山裡，個人的命運似乎比全村的前途更顯重要，所以，他們此時的戳刺樹皮球比賽，均解釋為個人的占卜行為。目前他們分別解釋如下：

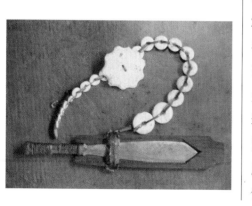

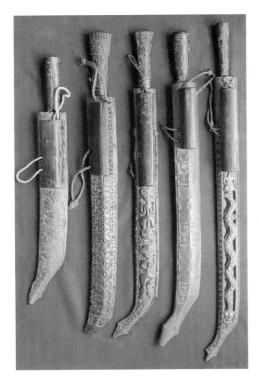

1. 球內裝有羽毛者,象徵著狩獵之豐盛。

2. 球內裝有布塊者,象徵可遇到心愛的對象為配偶。

3. 球內裝有粟者,象徵五穀豐收。

4. 球內無物者,亦無女巫師灑過神水者,代表可成英雄

5. 球內無物,然而女巫師灑過神水者,象徵身體健康。

　　以上為筆者在一九七〇年代之調查,究竟日治時代的樹皮球內裝的是什麼,若果完全一樣,與現在解釋是否相同,我很懷疑。筆者早在在一九六〇年左右調查時並未見球內有裝物。今年一月往泰北調查少數民族,在其博物館中曾見到完全一樣的球,裡面也並沒有任何盛裝物(附圖27)。

　　筆者曾經為了尋求正確答案而從過去文獻 方面著手,卻無功而返。雖刺插樹皮球的民俗活動由來已久,可是,過去日本學者對這一方面著墨甚少,無從比較,殊感可惜。我猜想球內無物是較傳統的,裝物占卜係戰後的演變。

註解:

　　註一:具有兩千年以上悠久歷史的印度教三大神祇之中有創造神布拉富瑪。

　　註二:詳情參見本著「六、卑南族(三)南王村巫俗調查紀實」。

魯凱族的石板雕刻
（1988年攝於高雄縣）

4 魯凱族

RUKAI

四、魯凱族

(一)神靈觀

　　魯凱族分佈在蒼翠巍峨、山巒連綿的台灣中央山脈南端東西兩側。以地理環境來說，大體分為三大族群：

　　一、大南社群：有太平村與大南村，位在台東市大南溪上游的山區與卑南平原較靠近山區的地方，亦有「東魯凱」之稱。

　　二、霧台社群：屏東縣內隘寮北溪上游的霧台鄉境內，亦稱為「西魯凱」，實為東魯凱西移而形成的。

　　三、下三社群：在高雄縣茂林鄉境內的荖濃溪支流濁水溪流域一帶（被推斷為屏東縣內魯凱族再西遷的後裔，所以魯凱族最早發祥地應該是台東縣內大南社無誤）。

　　若翻閱一九一○年代日著「蕃族調查報告書」所記載的創世神話。大致上還是接近排灣族創世神話，大意如下：

　　「太古在卡里阿朗山頂有一巨石，某日突然裂開而出現一男叫『荷馬里里』。為覓食而到處徘徊徊之際，卻遇見一異樣動物，然而靠近一看，始知其貌姿或形態與自己相差不多，竟結為夫婦，其後裔就是大南社族人。」

　　這個神話非常長，後面卻變成了歷史性的口述；主要的詳述了其子孫分別成為卑南社與呂家社族人的始祖的經過，接著也記述其後代子孫分別與知本社、太麻里社頭目階級成婚的前因後果；不僅如此，還說明當時在大南社之前已消失的舊大南社六大頭目祖宗家譜。

　　依照這個口述，我們幾乎很容易地可以製作出一份在台東地區（阿美族除外）包括：大南、卑南、知本、太麻里、呂家等當時較大規模社區頭目之間的大族譜；他們壓根兒就是同一種族，何來排灣族、魯凱族、卑南族之分？早期日本學者把他們總稱為「排灣群族」，是相當有道理的。

　　還有這些歷史故事的形成，可以推測在一千年左右的往事，因為這個故事沒有出現大南社族人由台東地區越過中央山脈西遷到霧台鄉境內的史實，而其西遷被日本學者推測為數百年至一千年左右之間，所以這則故事的形成，必然是西遷以前往事之口傳。

　　在距離現在約八十多年前日本學者所採取到的有關魯凱族創世神話，如前面所說，其始祖是由巨石生出來的，這一點與排灣族是大同小異的。可是距離現在廿多年前，我在霧台鄉一帶採取到的魯凱族創世神話云：古時候，大武(Raibuan)社的達德魯小村（現在仍存）住有

〈參考圖〉 屏東縣馬兒村唯一巫
師名叫Tsupulu (1970)

一個妙齡女人，她正在尋找配偶，有一天她意外地遇見了一位美男
子，一見鍾情，終於與他結婚了，可是村人卻看出他是一隻百步蛇，
可是她不相信。他倆結婚所生的便是魯凱族的子孫（筆者訪談霧台村
Luba Luba女士採集到的）。

可是，好茶村卻傳著下面的說法：古代有一個青年在山谷中發現
一個古甕，甕中有一枚百步蛇蛋，他把它抱回家，每天由於陽光照射
而得到溫暖，七天後即孵化出一個男嬰，是百步蛇之子，長大後與一
個下凡的女神結婚，因而從此魯凱族一代一代繁衍。

這兩則神話都是百步蛇為主角，與前面曾經介紹過的排灣族貴族
階級之祖先有關的神話頗為接近。筆者認為由於地方自治制度的普遍
化，致使貴族的沒落，本來用來解釋貴族階級發祥的神話，已經淪為
一般魯凱族人的創世故事。

魯凱族對於人的靈魂都稱為「阿巴克」(abak)，死靈或鬼魂等均
稱為「艾利利加」(aililiga)。人的頭腦裡面，左右各有一魂，右魂善
良，左魂惡魔，所以要給神供物時必須使用右手，要給妖怪供物時必
須使用左手。

人一經死亡即成為「艾利利加」，祖靈 若單數稱為「托模」
(tomo)，複數的祖靈則稱為「拉托模」(ratomo)。人死後均埋葬在屋
內，但意外事故死亡者不得葬在屋內，此習俗與他種族無異，等到屋

附圖28　魯凱族人死後穿壽衣及其姿勢（Lubaluba 女士示範，1980）

內葬滿後即遷移他處，然而決不再回到舊廢屋祭祀。

　　許多習俗或社會組織，大致與排灣族一樣。在他們簡單的神祇系譜中，創造神叫做「托馬斯」(tomas; toa-omas)，他會決定每一個人的壽命，而創造善人的是男神「多馬伊里」(domaili)與女神「德伊意莉」(dei-ili)。創造壞人是男神「茲歐茲歐」(tsuautsuau)。魯凱族在一九七〇年代，尚相信百步蛇是神靈的化身或使者，決不敢加以捕捉或宰殺，可是年輕一輩的，卻已經開始沒有這種信仰了，因利誘而開始抓了以後送到台北來高價出售給蛇店，供老饕們享用的消息，時有所聞。

　　魯凱族對於人死後的處理比較特殊。過去人死後馬上就要由親族中的青年人，腰部繫帶一種鐵片捲成筒狀裝配在木板上的響器（鐵管長約 8 寸、直徑約一寸半，隨著行走而發出撞響之聲，是一種南島語系民族獨特的簡單警報器，筆者認為此物很可能是鐘、鈴、鐸等類之雛型，也未可知），邊跑邊高聲吶喊，將某人死訊很快地通報給村民。

　　若果有親戚好友住在遠處，則站在高山上向遠處方向發出「哇—噢—」之呼叫聲，然後報出「某人死了」，如此反覆數次，其叫聲淒厲而哀傷。

　　魯凱族也如同排灣族或泰雅族，過去人死後都埋葬在屋內。據傳聞云：昔時人死去後約在十五分鐘左右，即開始挖掘墓穴加予埋葬，即使是午夜亦要進行，令鄰人半夜驚醒，毛骨悚然。屍體係採取蹲姿，下顎放在雙膝上，右手掌在前。他們相信左手為惡靈所控制，所以左掌要放在右手掌之後面，保持此姿態後，用事先織好的無紋素色麻線布條（寬幅）緊紮綑綁屍體（附圖28），葬在一公米見方的墓穴

附圖29　戰後魯凱族墳墓採用粘板岩構成，雖然也豎立墓石然而沒有文字（1970攝於霧台村）

裡，然後又把上面的石板恢復原位。現在雖已無此俗，但大多數仍不使用棺材，改用草蓆細綁，葬在野外（附圖29）。

　　昔日丈夫死後寡婦必須三年之內，留守在家中，不得在外拋頭露面，甚至於每天要哭泣一次，以表哀傷之意，當然，此習俗亦在戰後廿年之間消失殆盡。

(二)粟祭・盪鞦韆與神壺

　　筆者過去對魯凱族的調查，大多著重於屏東縣霧台鄉內的好茶村、阿禮村、霧台村及高雄縣內茂林鄉多納村計四處。

　　好茶村若果依照他們的固有稱呼應為"Kochabukan"社。由於漢字沒有"Ko"之同音字，所以前清地方史志上寫成「加者膀眼社」。據說其鼎盛時期，有一千兩百多人，是一強大的部落。日治時代倒是很準確地用片假名把Kochabukan地名表示出來，可是戰後國民黨政府，卻硬把山地的地名統統加予中國化了，才變成「好茶」，實與茶無關，這如同"Santimon"排灣語地名，戰後被寫成「三地門」，現在大多人竟把它誤會成為進入山地區域門口的「山地門」那樣荒唐，如此會誤導地理與歷史。

　　好茶的祖先，傳說係居住在台東地區的魯凱族首領「普拉魯洋」(Buraluyan)，由一隻通靈的雲豹引路，率領族人翻山越嶺尋找新天地，最後雲豹走到好茶村（舊跡）附近就不再往前走，其族人認為既然神的旨意如此，則就地定居下來。他們在定居好茶之後，果然人丁逐漸興旺，但不久便變成部落土地不夠分配，狩獵的範圍有限，因此族人再分散到霧台、阿禮、去怒、伊拉等村落，所以好茶是西側台灣的魯凱族文化發祥地，也是魯凱族精神生命的誕生母胎。自古以來，這裡就流傳著有關太陽與百步蛇的創世神話故事，許多文化形象已經大異於其祖籍台東地區的所謂「東魯凱」了。

　　往昔的原住民族之間經常會爭地盤或水源而發生大小戰鬥，所以為了防禦外敵，寧願捨水源亦要據天險，然而好茶卻擁有水源與天險兩者，因地處深山高地，而且村落後方有一瀑布，水質甜美，經常清澈見底。

　　不過，好茶村民因一九七九年由深山遷村至南隘寮溪畔，建立新

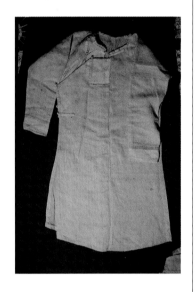

好茶村，當時將「舊好茶」的一百多戶最正宗的石板屋遺棄，讓它們淹沒在荒煙蔓草之中，如今古蹟大多坍塌，僅剩十二戶比較完整的石板屋，其他悉數變成了斷垣殘壁，供人憑弔。雖然在一九九二年以後，陸陸續續有族人起而呼籲重建舊好茶的桃花源，以期族人重返舊鄉圓夢，然而數年來只聞樓梯響，不見人下來。

　　由於屬於老祖宗的台東「東魯凱族」，與鄰近的排灣族或卑南族均有著血緣關係，其互動與影響相當深遠，可是由於地勢的關係，東魯凱傳統文化的色彩正在快速地淡化當中，因此每年新曆八月十五日，在霧台村舉行的豐年祭，已經被公認為最能夠代表魯凱族傳統風俗及文化特徵的祭典了。

　　住在霧台村的族人，相信祖先在一百多年前，由於狩獵時追逐一隻水鹿，發現一座數百畝大的山中小平原，晨昏經常山霧籠罩，土壤肥沃，水源順利，四周青山綿綿，於是便決定部分部族遷居至此。許多當地耆老都說成祖先由台東移遷至此，可是從諸多情況判斷，應該是先至好茶，後再移至此地。此社之名稱，戰後將魯凱語“Budai”（約近「布代」之音），改為「霧台」，致使許多文史工作者，竟誤為當地因經常山霧濛濛，而且其平原如一平台，故稱為「霧台」，這也是國民黨政府來台後濫改地名後容易引起誤解的一例。

　　在諸多種族祭典之中，魯凱族歲時祭儀，歌舞特別崇尚整團的律動，群舞群歌便是其最大特色。魯凱族昔日的重要祭典有：播種祭、粟祭、首級祭等。其中播種祭前後多達廿一日（其他種族僅四～六日而已），都是些祈求將來豐收之儀禮，各人行之；首級祭為獵取外敵首級歸來後之慶祝，屬於全社的祭典，但這兩種在二次大戰前早已消失無蹤，如今僅剩下粟祭。

　　粟祭是舊時（清代至日治時代）之稱呼，亦比較名符其實。因為魯凱族在現地農耕，主要生產小米（粟），他們向來沒有日曆（至日治初期尚盛行「結繩記事」，筆者曾親眼在舊好茶看到耆老所保存之遺物），所以通常都以小米採割後開始日晒時為舉行粟祭的日期，可見並非鐵定某月某日，只能說大約在「七月間的某日」。戰後月曆或日曆大量進入山區，約自一九六○年代後半期才逐漸地形成豐年祭為八月十五日，又平地觀光客的人山觀光逐漸增加，亦促使他們豐年祭的定期化，甚至於更盛大化，是無可諱言的。

↓〈參考圖〉　魯凱族男人死亡後未亡人外出所著衣裝（Lubaluba 女士示範）

↓〈參考圖〉　長條麻糬為結婚及粟祭的必需品（魯凱話叫做raralak）

→ 附圖33 利用落花生殼串連成一圈
　　 美麗的頭飾，頗具創意
　　（1980）

↓ 附圖32 粟祭中的餘興節目「盪鞦
　　 韆」（1978攝於大武村）

↓〈參考圖〉 魯凱族現代化頭飾
　　（採用塑膠與色紙製
　　 成）

　　昔日「粟祭」的主要祭拜對象是太陽神，一方面感恩天神，也祈求歲時平安兼豐收。祭典由大頭目小頭目分別擔任正副司祭，司祭最主要的工作是禱告與上供，藉以把祭祀的禮節與程序傳授給後代。供品有檳榔、豬肉、小米糕（麻糬）、小米酒等，所以祭前可以看到婦女們忙著椿小米的光景（附圖30）。

　　除了族人要參加村子舉辦的團體祭典以外，各家均要舉辦「達利安」（Dalian，排灣族也有此俗，叫做「西義魯」Sigiru）。將燃燒的炭火插進用紅線紮好的粟束的穗房中，穗房即燃燒起來。此時最好使冒出之白煙吹向東方（他們相信粟神與祖靈均住在東方），藉此來祭拜粟神，祈求保佑下季播種順利兼豐收，祈禱完後將燃燒中的粟束放在家門口上面石板。顯然燒粟束等於漢人的燒香拜神之習俗。（附圖31）

　　團體祭祀完畢之後，立即展開歌舞表演，接著表演「盪鞦韆」與「戳刺樹皮球」競賽兩項。所謂「盪鞦韆」是在廣場上架台早就用粗繩紮好四根粗大竹子相交而成（附圖32）；前來參加的盛裝小姐們，輪流爬上盪索繩，再由男子拉起連繫在索繩間的台座，一收一放。女子美麗的衣裳，隨即飄盪在空中，像一隻美麗的花蝴蝶，來回飛翔不停。

　　女子在盪鞦韆之間，被看作是在接受神明的測試，所以在眾人的期許中，不苟言笑，以示端莊。當女子完畢而從鞦韆下來時，由方才那個拉繩子之男子，將之扶下，暫時躺在該男子（有時是情人）膝蓋上，嬌羞地用玉手蒙蔽著面臉片刻。一般魯凱族婦女們特別擅長從大自然中取材來製造頭飾，以資慶典時戴在頭上。一種利用落花生殼串連而成的頭飾，頗具創意，也常在盪鞦韆中出現（附圖33）。

　　盪鞦韆不是純娛樂，如果女子盪得愈穩重、愈持久，則那名閨女愈能夠顯示其內在的堅貞與純潔之美，也是族中男士們追求的淑女之

〈參考圖〉 魯凱族頭目專用之傳統頭飾，昔時也作為頭目賞賜予有重大貢獻者之用（琉璃珠綴）

附圖31　各家自辦粟祭時要燃燒粟束，稟告粟神佳節到來（1978）

典範。不過關於鞦韆的禁忌特別多：若男子盪的話會引起族人「無所事事」的輕蔑，更要承擔將來「無法獵取獵物」之後果，又太陽下西山後還在盪的話，會把女子的靈魂也盪出去，無法專心做事；盪時頭飾不可掉落在地，會引來「輕浮」之譏等。

↓〈參考圖〉 霧台鄉阿禮村頭目家之祖靈像木雕（1970）

↓〈參考圖〉 砂勞越Iban族陶壺與排灣族的很類似

鞦韆大賽完畢之後，接著進行「戳刺樹皮球」賽，原來這種遊戲也出現在排灣族的豐年祭之中，可是出現在魯凱族中的此項活動，其採用方式略異，含義亦有所不同，簡言之：更顯得原始，亦更接近傳統。

本來魯凱族在粟祭中舉辦此項比賽，為的是青年的體力競賽，也是預卜青年人將來出草時能否獵取人頭（首級）的一種占卜。其使用之樹皮條球或比賽方式，已在前（排灣族）詳述，故在此從略。可是，戰後，一方面因為獵取首級之風氣已廢止數十年，索性將鳳梨拿來充當樹皮球，把它拋到空中，讓眾多青年人，爭先恐後地競相用竹矛去戳接，是一種純粹餘興節目。雖然戳刺傳統樹皮球的競賽也曾經出現過，但原來用來占卜將來何人能獵取首級的那種信仰性意義，早已不復存在。戳刺鳳梨，表演起來，往往妙趣橫生，給觀眾的觀感亦不錯，所以樹皮球消失，獨由鳳梨充當主角。

最後，還有值得一提的，是魯凱族的「神壺」的存在。古陶壺在魯凱族或排灣族中，只有貴族階級的大小頭目才能擁有，而且頭目是世襲制，只傳給長男或長女，先出生者繼承頭目地位（多納村的頭目是女性，筆者最後一次往訪是六年前），所以古陶壺及古代琉璃珠首飾兩項，無條件做為飾物傳給長男或長女。

魯凱族與排灣族均有其祖先出生自古壺之神話，魯凱族還特別說那隻代表神意的百步蛇，是住在古壺裡面的。由古代傳下來的魯凱族與排灣族的古壺之中，外側有蛇紋浮雕者被視為最珍貴的（其數量寥寥可數），實是依據百步蛇的神話而來的。我們若說排灣群族也是拜壺的種族，絲毫沒有不妥的地方。

以往魯凱族的傳統習俗，每年舉辦粟祭，村中陶壺是祭祀典禮中的重要角色。在婚禮上更是不可缺少的珍貴聘禮。在貴族階級與貴族階級之間談論婚嫁時；通常男方能送給對方一個古陶壺即足夠了，那是個大聘禮。可知排灣群族對壺類的珍視程度，實際上他們在古時候要燒製一只壺是多麼困難啊。

附圖30　祭典前，婦女們忙著椿小米（1987年攝於高雄縣多納社）

→ 附圖35 有蛇形貼花紋神壺數量奇
少，最為珍貴（台大考
古學系藏）

↓〈參考圖〉 砂勞越 Iban 族陶壺
（外側籐編）也可以
拿來與台灣布農族的
比較

　　談到古陶壺，筆者不由得想起一九七○年親自遇見的事。我在霧
台村調查工作完畢後，繼續徒步走到阿禮社（現在已經有車路可利用）
作民譚的採集工作。在頭目家意外地看到木架上，上下兩排（約八、
九個）精美的古陶壺。我詢問能不能割讓一個，以供我作研究之用。
該頭目客氣地回答我說：「很抱歉，這些古壺算是阿禮社整個社人民
共有的寶物，非我個人所有的，所以無法割讓」。我只好拍了幾張照
片，知難而退。

　　事過十五年，我再往訪阿禮社，意外地看到那八、九個古陶壺，
還原封不動地排列在那木架上（附圖34），大吃一驚，也大受感動。頭
目所說的原來還是肺腑之言，他真的將古傳統文化的遺物，視為全村
村民共有的財產，毫無私慾，而且言行一致，我再拍了一張照片回來
做永遠的紀念品。極少數排灣族與魯凱族大頭目家始擁有的蛇紋神壺
（附圖35），依據筆者的計算其總數尚不到十個（包括國立台灣博物
館、台大考古系等），可是，近二十年來商人卻雇陶工大量製作偽品
冒充，有些原住民亦買回去充當家中裝飾品，如此魚目混珠，甚至於
對外宣傳是族中遺物，令人感嘆與寒心。

附圖34　霧台鄉阿禮社頭目家祖傳神壺（1985）

5 卑南族

PUYUMA

五、卑南族

(一)神靈觀

　　卑南族分佈於台東縱谷南部，一部分散居於恆春半島，以現在行政轄區而言，大部分居住於台東縣卑南鄉境內，少數分居在太麻里鄉內及屏東縣恆春鎮、滿州鄉境內。

　　卑南族以母系氏族及世系群為構成部落之基層組織，其部落上之政治領導系統，即由各母系系族或世系群之直系宗親主理。卑南族特別以尚武精神著稱，在十七、八世紀時，種族勢力浩大，其大頭目號稱「卑南王」，統治台東縱谷平原，勢力鼎盛時，曾南至恆春、西越中央山脈至屏東縣內的春日、來義地區。清康熙末年（或乾隆初年），表示歸化清廷，曾應邀坐轎子涉山越嶺到台南謁見台南府知，並獲贈一襲官袍，其族人之間卻誤傳為其被清帝所傳謁，不過從十九世紀開始，卑南族人之人口甚至於其勢力有大減，實與學者劃分種族方式亦有些關係。

　　關於卑南族向來在台東地區內，一直與大南社、知本社、太麻里社、呂家社等族人有密切的婚姻關係，在十九世紀末的日治時代初期（日本明治末年），所謂「卑南蕃」是指散布在知本溪及卑南溪流域的九個蕃社而言，這種情況一直繼續到廿世紀初（日本大正初年）。到了昭和初年（約在一九三○年代）開始，日本的人類學家才將台灣原住民族分為十族（有的主張九族，使得邵族成為歷史名稱）。於是台東平原的原住民才被劃分為排灣、魯凱、卑南三族，合稱為「排灣群族」。當時將台東地區內原住民，除去阿美族以外，原住民還分為排灣、魯凱、卑南三族，實在有些勉強。筆者認為合稱為「排灣群族」似較為妥當，因為在學術上的分類之中，卻把許多應屬卑南族系的亞系社區劃入魯凱或排灣族者（例如：當時太麻里村實混有有很多卑南族人）。

　　那麼，若果談到卑南族的創世神話，則不出於知本社、大南社的巨石裂開出現族人始祖的説法範圍。到了日治時代後半期，反而流行於西側南台灣的魯凱族與排灣族的「百步蛇孵化蛇蛋而族人始祖出現」的神話，也傳入卑南族之間，甚至於反而後來居上，為現在大多數卑南族耆老所熟悉。

　　在傳統的卑南族中所信奉的諸神是：

　　天神：「利拉邁」Rilamai)與「波諾凱」(Pounogai)，均居住於天上。

創造神：「卡布昂」(Kabuyon)、「卡布布魯」(Kabubul)。

東方之神：「魯亞沙楊」(Ruasayan)、「杷沙卡朗」(Basakaran)，傳說他倆為兄弟。

西方之神：「毛拉羅伊」Maularoi）、「毛魯古魯」(Maulugul)。

祖靈神：統稱為「魯波安」Ruboan）。

卑南族有如此豐富的諸神，卻沒有留下這些神祇的故事或互相關係的神話，殊屬遺憾。卑南族如同泰雅族、排灣族那樣，也有善靈與惡靈的觀念。

人活著在世的時候，軀體內有「靈魂」(tinavawan)，而善人的靈魂可以死後昇天，惡人的靈魂 死後即入地中（地獄之意，但無特別的名稱）。人所以會做夢，係tinavawan在作怪的結果。他們還相信人死亡之際，其祖靈則前來配伴而去。

相當於阿美族的「卡華斯」或排灣族的「茲馬斯」一詞，卑南族將人死後之鬼魂或靈魂通稱為「維魯阿」(virua)，他們還相信人的右肩有好的「維魯阿」，左肩有壞的「維魯阿」，右手的靈魂不太活躍，卻可以招來幸福或吉祥，也是能夠保護人的生命（他們認為「呼吸」最重要，它是生命的代表，特別稱為yagal）的靈魂，左手則不然，很活躍卻對自己不利。

人活著的時候靈魂(tinavawan)，一經死亡即變成「維魯阿」；妖怪也是繼魯阿的化身。不過，巫師做法時，面對著作祟的鬼靈或妖怪卻不敢在咒語中稱為「維魯阿」，而改稱「伊巫魯阿斯」(I-uras)，可見伊巫魯阿斯是對所有惡靈或妖怪的敬稱。

人在兩肩擁有靈魂以外，顖門亦有一魂，共計三魂。肩上靈魂即使外出也不致於罹患疾病，可是顖門的靈魂出竅，則會招來死亡。萬一人患病，即對病人之右肩說：務必請保護病人的生命（氣息），而對左肩則勸告不可亂來。人所以會患病，有時候是「維魯阿」發怒所引起的。

所有的祖靈都是善靈，能夠保護全家及後代子孫，每年的初穗儀禮，為的是以初穗來供養祖靈而形成的。

卑南族過去也是盛行「夢占」與「鳥卜」。若夢見抓到螃蟹則吉祥，夢見蛇亦為吉祥。還有夢見妻子懷孕、別人送來金錢、刀劍等物也是吉，美人來訪、出草獵首等也是吉，然而若夢見自己從樹上掉落

則凶，與別人性交將會患上大病。

他們的鳥卜則較泰雅族所用的鳥類複雜，大約有四種以上，其中還包括鳶及一些平地鳥類。因為調查時他們講的都是卑南語的鳥名，不知實在什麼鳥，至於那一種鳥怎麼樣飛法是吉是凶，更早已失傳了，唯一知道的，是鳶在左側叫鳴，不久又在右側叫鳴，則為大吉。

卑南族也有觀察月色當預兆的習俗，例如見到月暈現象，即是頭目將死亡的凶兆，但他們對於任何預兆都不作任何祈求或厭勝的儀禮。

(二)南王村巫俗調查紀實

有關台灣原住民的信仰方面之調查報告，比起一般民俗、藝術、音樂、語言等方面，的確貧乏得多，即使僅有的那些許的文獻，也大多以「禁忌」為主，至於他們信仰的神靈或其巫術的方法，往往輕淡地用幾句話敷衍了事。

為什麼這方面的調查成果如此脆弱而貧乏，最主要原因有三：一為日人在台推行皇民化運動，破除迷信也是其重要目標之一，是故日本學者無意對此方面積極調查，二為原住民本身害怕做巫術萬一被發覺，即遭警方嚴格取締，是故為其本身安全計，他們對角保守秘密。三為依照世界各地原始宗教的自然慣例，他們相信倘如將自己還在信奉的巫俗，對外人（也是外族）洩露的話，難免受到神靈之處罰（所謂作祟），故他們一直對外守口如瓶。

可是，第二次大戰後，除了遭受漢化較早又較深的部落（例如：在南部有牡丹社、卑南社，北部有烏來社、大溪社等）以外，愈是落伍地區，天主教與基督教普及的程度，既快速又普遍，幾乎天邊海角，無處不入的地步。筆者從事屏東縣霧台鄉的巫俗調查，時在一九七一年八月間，當時信奉該兩種外來宗教者，幾乎達90％的地步。於是，傳統巫師被迫改行，巫俗的器具，有的被集中在教會或天主教堂前面廣場上燒燬，有的偷偷地便宜售予入山收購舊工藝品（當時俗稱「蕃產」）的古物販商們，同時對自己過去所信仰的巫術，也逐漸開始肯公諸外人，所以，對我而言，一九六五年至一九八〇年之間，是調查原住民傳統巫術及其宗教信仰最佳時機。一九八〇年以後二十年之

間，卻一步一步地敗在外來文化的的衝擊與觀光事業的誘惑，其傳統信仰或宗教完全變質也變樣。

筆者一九七三年將調查的目標訂在卑南族的信仰尤其是巫俗。這是過去一直少有人調查過的，本文記述當時的情況，初稿發表在一九七四年六月出版「台灣文獻」（25卷2期），現在略加整理後轉載在此。

一九七三年三月廿八日，我帶領了原始文化調查隊（成員有：林榮彬、馬英哲、楊勝雄、何宗仁等），目的地為台東縣南王村與蘭嶼兩地。三月廿八日全體隊員們依約集合在屏東火車站前的台輪旅社，過了一夜，翌晨本來想搭乘公路局班車，由屏東開往台東，可是，時間上非常不經濟，最後放棄原來計劃，改雇大型計程車赴台東。交通方便是現代文化工作者從事田野調查的最佳利器。回顧數十年前，日本學者如鳥居龍藏、伊能嘉矩等人只要是入山調查，統統都用兩只腳，「一步一腳印」地走路爬山，每一趟路程就要化費數天乃至十多天，與此相比，我們實在太幸福了。

我們出發後不久，在山路上就遇到了濛濛細雨。上午十一時前就抵達大武村，從此山勢轉為下坡，中午時份終於抵達台東市，台東地區昔時是阿美族、卑南族、魯凱族大雜燴的區域，我個人曾經在此調查過多次，仍然興趣勃勃。從台東市要到南王村，尚有十五公里路程，在市區先打聽出昔日稱霸東台灣的卑南王之後裔—克拉勞大頭目家地址後，車子直驅南王村。

大頭目克拉勞的大名，我曾經在一些有關原住民調查的日文舊書刊上看到過，所以，在想像中他的邸宅一定很宏大，可是，當我們找到南王村十七號時，卻大感幻滅之悲哀，這裡的房屋與鄰屋並沒有兩樣。在我的記憶中，克拉勞並非卑南族最後一代大頭目，但卑南族在東臺灣地區各族中的盛名，似乎由於他的逝世而煙消雲散，更顯然地，卑南王朝二百多年來的聲勢，似乎也隨著他的長眠而消聲匿跡。

當我站在宅前將要叩門求見時，卻發覺大門深鎖，裡面靜悄悄的。正在不知所措之際，從路邊走來了一位中年女山胞，她問清我的來意之後，才告訴我說：此屋之現在主人為鄭玉妹（其夫已亡），因其長女下嫁關山派出所一位警員，她現在到關山女婿家去暫住，鄭玉妹的外孫子本來也住在此屋，此日可能與其外祖母一起回到關山去，

所以屋裡空無一人。

我覺得對方已經打開話匣子了，要從她打聽一些資料似乎是很容易的，於是我從她的姓名及其與鄭玉妹的關係問起。原來她叫做鄭玉登（五十四歲）是鄭玉妹之堂妹（下嫁王姓山胞），難怪她對於大頭目家的情形如此清楚。

據她稱：南王村村民係第二次戰爭前由山上遷移至此，已有三十多年歷史。對於克拉勞大頭目究竟何年逝世的查問，她答稱：大約在她十二歲時，所以係四十二年前了，那麼繼克拉勞之後當大頭目的是何人呢？

「Smariyou！」玉登如此回答：同時告訴我說：「他在戰爭結束後不久逝世了，那時他的大頭目頭銜已經有名無實，因為戰爭結束後不久，開始實施地方自治，山地的村長也是民選的。」

當我們談到這裡時，有一個年約四十出頭的婦人走過來，加入我們的談話，她名叫鄭美鳳，住址南王村二鄰十六號，也是鄭玉妹的堂妹之一，她告訴我說以前克拉勞家的邸宅很大，可惜民國五十四年夏間被颱風吹毀，才變成如此簡陋，臉上露出往昔不堪回憶之情。由於她的日語說得比玉登更流利些，所以我立刻把話題引進有關卑南族的巫術問題。

「此地還有沒有人會作Palisi的？」（註：Palisi 為巫術也，詳情見後述）。

「還有，但較往昔少得多了。」同時她指示著不遠處的一家房屋說：「那一家的主人就是本村最有名的巫師。」

這個消息使我掩不住內心的喜悅。在屏東縣下的幾個排灣族鄉村裡，往往為了找一個巫師，我必須跑過許多山路，有時卻完全撲了空。於是我一邊叫馬英哲君準備錄音，一邊預備進行採訪。但她告訴我說：此時其夫婦一定還在田地工作中，不會在家裡，必須傍晚才能回來。

由於剛才的談吐中我看出鄭美鳳似乎在此村中尚屬知識較高的村民，由她的口中應該可以獲得許多資料。首先我詢問此地的巫師是男是女？因為在排灣族的村子裡，正式的巫師（就是職業性的），只有女性（巫）。可是，她的回答大大地出於我的意料。這裡不但有女巫，也有男覡，但兩者的職務截然不同，有所區別。

卑南族的女巫專門治療疾病及驅鬼，男覡卻專門替人祈求平安，消災解厄，或對於在外面遭遇到不慮災難而死亡的靈魂給予超渡。所謂不慮災難，主要的指因車禍而死亡者，或在田地工作，山間狩獵時遭遇到意外而死亡者，利用巫術使其靈魂不要變成惡鬼徘徊於凡間，早日飛到其祖先身邊。

還有新屋落成或有人當兵離開家鄉時，也需要男覡給予「神符」，加以保護。當鄭美鳳談及「神符」一詞，我頗覺珍奇，因為在排灣族的巫俗中的確沒有此物，在過去的日人文獻上，任何一族也沒有此物之記載，於是，我對於其所謂「神符」者，再加追究。

卑南族所用的神符，主要的由兩物來形成。最普通的是檳榔子，經過男覡唸咒之後就算會發揮神通之力，將之裝入紅布小袋之中，讓人佩帶在身上就可以避邪。比較鄭重時，除檳榔子之外，還要加一種卑南語叫做Inasi 的土燒小珠子。至於應放幾顆呢？她說沒有一定，往往視情況而定。至於房屋落成時，屋主為祈求新屋平安，向男覡乞求神符，此時神符不同於佩帶身上者，是把唸過咒後的檳榔放入竹壺（用桂竹的一小節來製成小容器）之中，讓祈求者帶回家去掛在屋子裡的牆壁上。

「那麼，所有的神符是不是永久使用下去呢，或者使用過後即應適時予以遺棄呢？」

對此她答稱：應召入伍的青年佩帶神符，將來平安歸來，即奉還男覡，而掛在牆壁上的神符，則永遠掛在那裡，不再取卸。從這一調查可以看出卑南族的巫覡各有不同職責。

對鄭美鳳在巫術方面如此詳細，我頗感到驚異，原來她的叔父陳天才（已於七年前逝世，享年七十六）也是覡師，她小時候經常看到他作法的情況。

「那麼，對於巫師的作法或神符，求施者普通以什麼方式來酬謝？」

「對於女巫每次的謝禮，大約新臺幣三十元至四十元左右。但對於男覡則稍便宜些。」由此看來，在卑南族裡似乎是女巫才是正統巫術的主持者，而男覡該是一種輔佐性的存在而已，同時也很可能男覡出現在卑南族的社會裡比較後代哩。

「那麼，現在南王村還有多少個巫師呢？」

附圖36　卑南族巫師作法道具盒
　　　　頗具原始藝術意味(1970)

「本村還有十個左右，而且仍有繼續存在下去的可能。」她思考了一會兒才答道。

在南王村（甚至於可以說整個卑南族的各村落裡），信仰來自西方的天主教徒或基督教徒，為數甚少（以一九七三年調查時為準），所以巫俗仍然根深蒂固，她所謂「仍有繼續存在下去的可能」，是無可置疑的。

一樣是屬於「南部蕃」的排灣族或魯凱族之巫師，做法時都攜帶一個裝納法器的木製道具盒子（日語俗稱祈禱箱台人亦沿用），我知道卑南族巫師亦使用，我自己早年亦收藏有一個（附圖36），很想看看，可是她卻答稱：「沒有這盒子！」這很可能是派別的差異引起的。接著鄭女士又補充道：「但卑南族的巫師，不管是男的或女的，都有其專用的小廟。」

對我說來，這的確也是個很新鮮的訊息。依據我查閱有關臺灣山胞的民俗學方面的書籍或實地調查的結果，臺灣先住民九族之中，除了卑南族以外，都沒有巫師專用房屋（或可稱為靈屋），在卑南族的巫俗中，這是其特性之一。

接著，我把話題轉向卑南族的占卜方面：

「排灣族至今還有瓢占之法，貴社如何？」

她思考許久，才回答已經沒有人會了，但以前還是很普遍的。接著我查詢在排灣族方面已經少有人會的「竹筮」之法，是否仍留在卑南族裡。可是意外得很，她告訴我說在南王村，此法還相當普遍地被使用著。

「你講的『竹筮』，在我們這裡叫做Milau，是男覡的工作之一。」

於是，我詳細地查詢其竹筮之法。從她的敘述中，我獲知卑南族

的竹筮與排灣的，在方法上並不盡相同。卑南族所用的竹片係桂竹，而且寬度很細小。先把一尺長左右而留有一個節的桂竹，由口徑處加以劈開成為許多細片，每一細片寬約半公分左右，以此細片為竹巫的常備工具。男覡要進行竹筮時，先對細片唸咒文，然後用小刀再將細片劈開二、三個縫，便形成三、四支更細的竹枝，但根部仍靠竹節連結著（沒有完全裂開），此時男覡削尖其中一支，以此來緊縈其他竹枝之根部，再唸咒語後，用力拉拔一支竹枝，由其裂開時所形成的竹絲形狀來判斷吉凶或神意。

　　當我調查至此，剛才離開我們身邊，到對面巫師家去看看主人回來沒有的鄭玉登，此時跑來告訴我們說：覡師王先生已經從田裡回來了。於是，我們幾個人走進對面農家的前院。這個南王村最著名的老男覡，生活及經濟條件都還不錯的樣子，其住宅反而比卑南王後裔的邸宅豪華，如同臺灣比較好的農家的房屋，屋頂蓋的還是黑瓦哩。我與白氏夫婦在其屋前拍了一張照片留念。

　　鄭美鳳帶我們走進大廳裡，並用卑南語替我們做了介紹。主客雙方坐定了之後，我馬上請問這位老男覡的尊姓大名，他姓王名叫白文，當地卑南名叫做 Olidayan，現年六十六歲，但看來比實際還年輕多了。首先我請問他：此村巫師總共有多少個？。

　　「現在只有我一個人。」他的這個回答使我覺得很詫異，因為鄭美鳳剛才告訴我的是將近十個左右，他所以回答只有他一個人，我認為也許由於同行相輕，帶有蔑視他人的用意在。但事實卻不然，因為他立刻補充道：「男的只有我一個人，但女巫則有十多個呢。」我才恍然大悟。

　　經過我繼續查詢，獲知為了免得男覡的後繼無人，現在有兩個卑南族人正在跟他學習當中，一個叫做陳全州，學習一般男覡的巫術，另外一個姓田，專攻 Milau，這兩個學徒現年都在六十四、五歲左右，看來，南王村的巫俗還會繼續存在一段時期吧。

　　為了求得調查的正確性，我把剛才從鄭美鳳採訪而得到的資料，再向王白文確認一下，結果獲得如下幾點的補充：一般治病及驅鬼由女巫主持，對於一般消災解厄，厭勝等事項，則由男覡主持，但比較特殊的事情發生，不知應由女巫治療或男覡作法時，則必須先依靠 Milau 來占卜，才決定應由女巫或男覡處理，但 Milau 只有男覡會，

〈參考圖〉　台東縣卑南鄉南王村男覡與女巫(Olidayan夫婦，與筆者合照於屋前1973)

女巫不能使用。

對於女巫專治疾病的問題，王白文還補充道：「男覡也有治病的例子，只是機會甚少，例如：由於房屋火災而觸怒祖先靈魂，祖靈作祟所引起的疾病一經 Milau 來確定無誤時，則由男覡治療其病。」看來，由一般魔鬼作祟引起的疾病一定由女巫，而祖靈作祟引起的疾病，則由男覡治療。

最後我再提出了一個問題：排灣族各部落經過我實地調查後，獲知他們的男子上山打獵（尤其打山豬或鹿、羌等）歸來時，都各自作法（主要的唸咒語），一方面慰藉動物之死靈，一方面祈求下次仍能平安而獵獲豐收。在卑南族裡是否各人都能作法？

「不行，這種巫術一般男人不會做，仍要請男覡辦理。」

對於他的這個回答，我的看法是卑南族各部落幾乎都由山上移至平地，狩獵一項早已不復存在，所以一般卑南族人，在三十年來已經把有關狩獵的巫俗忘記得一乾二淨，所以在南王村只有現年六十多歲的這個老男覡還會（其實應該說「還記得」）。

「你唸咒時有沒有什麼歌謠之類的？」我再發問，真希望能夠錄音一兩首，以資記錄，但他回答說：「因為唸咒必定有調子，聽起來，自然好像歌謠一樣，其實不是歌謠。」我還是懇請他能夠隨便唸一下給我聽聽，但他堅持不能如此，其理由是「沒有做法的事實，如此做的話，有冒瀆神靈之嫌，不能對神開這種玩笑。這樣做，我的巫術會失靈。」他的答話非常認真，並不是有意賣弄玄虛。他們還在一本正經地信仰巫術的時代，如此固執是無可厚非的。

此時由外邊走進來一個五十歲左右的農婦，她肩上還掛著一個竹籃子，頭戴斗笠，似乎是剛從田地歸來的。鄭美鳳立即替我們介紹說：「她就是白文先生的太太，也是此村最著名的女巫，名叫 Ruai 現年六十三歲。

關於巫術的部份，我想已經詢問得差不多了，於是我改變話題，問到此村一年當中有什麼重要祭拜節目。鄭美鳳及王白文夫婦，輪流告訴我下面的事實：

卑南族在一年當中有兩個大節日：一個是七月二十日，另外一個是過年前後五天。七月二十日是收獲祭（他們不叫做豐年祭，因為意義不同，帶有飲水思源，感謝祖先之意）每年此日上午八時，全村男

子走到海邊（太平洋岸）時，大約上午十點鐘左右，在海邊煮小米（粟）若干，放進檳榔葉摺成的容器上，然後放入臨時製造的一個木製小屋，由王白文唸咒文感謝祖宗賜以小米，才把小屋放入海中，讓它漂流而去。如此前後化二小時時間，把祭事做完之後，他們又走路回到村子，此時已經下午二、三點鐘了，全村婦女都盛裝在村口迎接他們的歸來。

「為什麼要到海岸去祭拜？在村子裡就不行嗎？」

「因為我們能夠吃到小米，這是紅頭嶼賜給我們的，我們必須每年感謝住在那邊的神靈啊！」王白文與鄭美鳳異口同聲地回答我。

我認為這是一個很重大的資料，他們的收穫祭一定要在海邊舉行，而且面對紅頭嶼方向這個事實大可表示他們來自南洋，至少也可以證明他們與紅頭嶼有關（或者可以判斷他們係由南洋漂流到紅頭嶼，再由紅頭嶼轉進臺東山地，而雅美族必定在他們之後上陸居住紅頭嶼的）

至於正月的節目是怎樣呢？據說這是他們一年當中最快樂的日子。

他們每年十二月二十八日全村的男人（成人）都攜帶獵具入深山去打獵或設陷阱，一直到三十一日始下山，婦女們則盛裝在村口迎接他們歸來，翌日（元月一日），全村的男女老幼都把家裡最好的古老衣服穿著，整天在集會所（位在現在天主教堂前面，派出所旁邊）跳舞，樂此不疲。雖然上山已狩獵不到任何動物，但這個風俗至今仍不墜，每年照辦無誤。據說每年十二月二十八日，此地便來了許多外國人，跟著他們之後跑入山間看熱鬧。

七月二十日也好，十二月二十八日也好，用的都是新曆而不是農曆，這一點有些使我不能釋然，然而後來猜想到：昔時他們一定用的是自己族人曆法，日治時代臺灣才開始使用新曆，所以，他們的這種風俗歷史一定非常悠久，然而必定是在幾十年前（或者搬至山下以後）才改為新曆的。

採訪卑南族的巫俗完畢之後，我與王家夫婦合照，此時我忽然想起巫師做法有專用室乙節，便提議要參觀一下。Ruai 最初猶豫了一會兒，最後才勉為其難地答應了。我們魚貫地走進位在前院右側的獨屋，裡面一半是床舖，一半是空地，就在這空地的牆上掛了許多奇異

的作法器具：小花圈、竹子、木條及一個小布袋子等。

所謂小花圈有兩種，均如同機場上出售給人佩掛在胸前的花圈，一種是用三、四種花草串成的，另外一種是用同一種類的小花串成的，它們都枯乾得連花色都變了，更無從看出究竟是什麼花草。還有憑倚在牆上的兩根竹子，長約一公尺左右，也都是枯乾的。

我請 Ruai 說明一下它們的用途。她透過翻譯，簡單地回答我說：花圈是做生日的祭具，竹子及木板也是做法時使用的祭器，至於如何使用，對何人使用，她卻保持緘默。其原因我猜想：一方面由於她僅會講卑南語，主客之間的會話，還要由鄭美鳳翻譯，所以情感上有著隔閡，另外一方面，她並不希望其信仰的巫術外洩。

我只好把話題轉到小袋子上面。

這個小袋子用青色布縫成的，帶子是黃色，據她說明它是裝神器的袋子，看來與排灣族的祭器盒子（祈禱箱）的性質相同，只是製造的料子不同，一為布料，一為木材。我很想伸手拿下來看看，但她似乎很快地看出我的意思，反而緊張地從牆上把它取下來，佩掛在肩膀上。她的行動更引起了我的好奇心與興趣，於是，鄭重地請求她能打開袋子來供我拜觀一下。

「不！」她堅決而緊張地說：「外人擅自觸摸它，會受到神的責罰而患病，若不是為了做法，即使是我，隨便把它拿出來供人參觀，也會受到嚴重的報應，甚至於死亡。」

「那，真冒失啦！我不看好了，那麼，能不能請妳說明一下裡面是什麼東西。」

「裡面裝的是一個銅製『神鈴』，但它與一般銅鈴子不同，鈴子的表面上有著人的面孔。」她簡短地作答。

我立即想出它一定是昔時阿美族婦女們跳舞時佩帶在衣服上的一種小鈴子。阿美族的這種人面銅鈴，依據我的調查得知，可分為直徑1cm、1.5cm、2cm的三種，在年代上的判斷，最年輕的也有六、七百年以上，最老的可能在一千多年左右，我一直推測它們必定是昔時華南或中南半島上的人鑄造了之後出售給阿美族的，當他們由南洋漂流來臺時帶來的，至今若非台大考古系陳列館與少數收藏家處，則很難看到。Ruai 所謂神器果真是這種人面銅鈴的話，卑南族的女巫是把鄰族（阿美）的器具拿來應用的，因為這一種銅鈴，過去在臺灣島上僅有阿美族持用，而且昔時阿美族的巫師也是用來做巫師治病的法器，

後來才演變為跳舞時為了發出聲響而佩帶在衣服上或手腳上。一九七一年九月間我在屏東縣下排灣族部落採購到一個排灣族巫師專用的祈禱道具盒，裡面意外地發現了兩個非常古老的銅鈴，但它們不是人面紋，而是一般漢人繫在牛頭上用的那一種。雖然過去的中日學者所著有關排灣族的民俗學方面之文獻資料上，我從未曾看過有人指出他們以銅鈴為法器的記載，但由於這個意外的發現，我過去猜想排灣族巫師昔時可能也用過，只是後代已經失傳而以漢人牛鈴代替罷了。如今，我終於獲知Ruai所用的最高法器是銅鈴，使我對此加深了信心。

至於這種神鈴究竟如何使用呢？她的回答是：

「憑藉銅鈴的作響與否來做凶吉或是非之判斷。響與不響，在各種場合均有其不同的意義。」她所謂響與不響的問題，乍聽之下以為是指女巫叩打它時的響聲，可是後來經過再三追問才曉得：「做法時神的意思是依靠響聲來表示的，例如治療某人的疾病時，神鈴自鳴，則表示該人疾病不久便會好轉，不鳴則表示該人病況凶。」

不但Ruai本人如此說，連鄭美鳳也堅決相信確實如此。

走出女巫靈屋之後，我再要求參觀王白文的專用靈屋，因為我想卑南族女巫與男覡的巫術及職責既然不同，其做法的靈屋裡面必然也不同，尤其男覡不同於女巫那種「出診」性職務，大多在靈屋裡主持占卜、厭勝等工作，所以裡面必定更有東西可看。可是，王白文卻推諉，顯然他怕我這個「異誕者」侵犯其「神聖」靈地。

由於鄭美鳳女士的從旁說服，最後他總算也答應了。喜出望外，我跨進去一看，屋裡雖然一樣是那麼簡陋，但還有一點陳設，例如一張用木條釘成的桌子當小祭壇，壇上擺著幾樣祭器；在祭壇中央牆上懸掛著一隻檳榔穗，由於檳榔子統統被拔掉，僅剩下枯穗如同一把破舊帚巴。就在這個檳榔穗的旁邊壇上，放著一個裝滿一些奇異東西的胡蘆殼及三個空椰子殼（均為經過劈開的，故形成碗形，有深有淺）。

我首先指示著胡蘆殼，請問王白文：那裡面盛的是什麼東西？他回答我說：「它們就是當兵歸來的信徒，把神符（檳榔）送回來的。」

我定睛一看，果然就是檳榔子，有的還完整地用小紅布袋套著，由此看來，放在祭壇中央處的檳榔穗所以只留下簇生的細枝而看不到檳榔子（實），係由於男覡每當做一次法術就剝下一個檳榔實做「神

符」給信徒佩帶，所以早已被剝光了，同時檳榔穗可能就是此靈屋的主要神體，由此神體分發出來的檳榔子才被視為具有保護信徒的「神力」，這是極合邏輯的。

據王白文的說明，昨天也有一個要入伍的青年來求過他的「神符」，胡蘆裡的檳榔子就是如此進進出出，檳榔房等於他的搖錢樹，而他是目前南王村碩果僅存的男覡，難怪其行業隆昌，生活不惡。至於那些碗狀椰子殼，他說用來充當祭神酒杯，有時也供來賓飲用。這時我才注意到祭墊放著一瓶專賣局出售的紅標米酒。於是，我不禁掀起了一個疑問：

「你做法術之後還要請人家喝酒嗎？」

「本來是自己喝的，但為了表示歡迎來客，往往也請那些跟信徒來訪的親戚朋友們飲用。」

筆者經常進入山間原住民無論那一族，有喜事或喪事，都要喝得酩酊大醉，倒沒有想到卑南族連做巫術也離開不了酒。最後，在我的邀請之下，他表演了一下用這種椰殼碗充當酒杯使用的情況，把它攝入相機裡。

這時，我的手錶指針早已指示過下午六點鐘了。初春的太陽雖尚未沒入西山，但在天空上還留下淡淡的晚霞。有關卑族的巫俗，我想要詢問調查的事情還有很多，但在今天化了一個下午的採訪中，收穫已算不少；若果過份地追根究底，難免引起他們的反感，所以我對他們再三表示謝意，才與四個助手坐上了計程車，在全村的馬路上繞了一周，再朝向臺東市駛回去。

在歸途的車子上，我的助手們興高采烈地互相談論者今天在卑南村與南王村所看到山胞的風俗習慣以及明天將赴蘭嶼的各種計畫，我內心卻興起了一個奇怪想法，在腦海裡微波盪漾，許久不能平靜下來。

——在南王村女巫的靈屋裡所看到的那些帶有宗教意義的草花圈、每年七月二十日收穫祭時盛小米用檳榔葉摺成的容器……等，這些事物與一九七〇年春間我到峇里島採訪；在 Batur 村看到的印度教大拜拜時村民們所用的供物（甚至於其樹葉摺成之容器），大同小異（註一），難道卑南族的宗教儀式古時候曾經受到南洋印度教影響嗎。

——果真如此，卑南族是在南洋地區早已渲染到印度教色彩，然後漂流至臺灣島來的嗎？那麼，卑南族入臺的時期，是否不會太早呢？

這些都是讓我遐思不已的有趣問題。

　　最後，筆者也要附帶地說明一下，我調查（一九七三年）的卑南族概況，當時人口五千多人，大部份居住在縣內的知本、卑南、鹿野等鄉為中心的大小村落裡。筆者所以特別選擇南王村為調查巫俗的對象，是認為卑南族在清代初期一直到日治時代之間，其勢力範圍遍及整個東部台灣，俗稱卑南王（亦簡稱「南王」）歷代大頭目都住在南王村裡，二百多年來，此地就是卑南族的政治中心與文化的基地。可是，無可諱言地，當我前往調查時，已發現村中居住的並不盡是卑南族人。從村中移出者不少，外來新住戶亦偶而有所聞。

　　當我告辭南王村後，回到台東市區，查詢過幾個台東市民，看他們知不知道，曾經英名震撼東台灣的卑南王的史蹟時，卻沒有一個人知悉而能和我聊聊卑南族的過往與未來，我內心不由得掀起了一陣悵然之情。

(三)猴祭今昔談

　　在卑南族祭典中最有名的是猴祭(manayanayao)。猴祭應該有二百年以上的悠久歷史。早在日治時代初期，已有日本學者調查的文獻，我參考比較之後，即發現其沿革變化太大，幾乎讓人不敢相信的程度。

　　佐山融吉氏距今將近一百年前的調查報告稱：依據卑南社的傳說云：古昔有一個叫做魯馬魯歪的司祭，曾以壁虎為供品敬神，後來改用蜥蝪，直到其子特巴波羅繼承其職，認為將爬蟲類充當供物實屬不敬，所以改用猴子來祭拜，這便是猴祭的起源，同時原來使用「荷拉克」為祭典地點，此時開始移至「卡那烏德」。

　　當時（大正初年）儀禮的順序，是在祭場外的一空地上，先唱「祭猴之歌」的序歌，歌詞大意云：「我們來歌唱，在此佳節，來自北方之巴魯奴阿乃，我們供奉猴猿，殺之以完成祭典。」

　　把序歌唱完之後，再往名叫「加姆加姆朗」的地方去撒白米在地上，向神祇報告祭典即將開始，接著轉往「他古巴古邦」，齊唱下面祭歌：「（大意）今朝我們前來歌唱，在此佳節，將此首級與此屍，放置在此──他古巴古邦，或放置在屋內或廁所內？大家拿起『卡拉克列勒』（註：長約一尺左右之竹片），藉此將我身之災禍，悉移至猴猿身上，或用菅芒草葉亦可。」

唱完此祭歌後，青年人即紛紛用手持之竹片，撫摸自己身體，然後轉往祭場上猴子頭部去刷擦幾下，代表已將自己將要遭遇的災禍，統統轉嫁猴猿身上了。平民用竹片，只有「他古邦」級的人使用菅芒草葉，至於何人為「他古邦」，調查報告書上卻忽略了說明。

當猴子被刺死後，還要唱一首較長的祭歌，大意如下：「今晨，大家齊來歌唱，在此佳節，加以埋葬。我把魔鬼趕往『耶魯他安』（註：埋葬場所名），把此猴趕至，然將其屍首，掛在此竹上；此處草木之葉子與樹枝，給與你，食物也供給你，供給你。『他古邦』級以下的或以上的，都供奉完畢，該歸去吧，該歸去吧，猴猿啊！回到位在東方的斯魯杜山吧。」

唱完此祭歌後，整個猴祭算告完畢。調查者佐山氏還註明出現在祭歌最後一句「斯魯杜山」，位在當時加路蘭收容所東方的一座山。當然「加路蘭」一詞，該是清代所留名稱，歷經七、八十年後的現在，我們無從判明祭歌上出現的地名之正確所在地。

最重要的一點就是現在一般人談起卑南族的猴祭，都會異口同聲地說那是取代了古代獵首祭典的一種，但我們參閱了佐山氏七十年前的實地調查報告及從祭歌歌詞上可以得知：猴祭明明帶有避邪、禳被的作用，更詳細地說，就是轉移災禍的一種咒術，從祭歌上看不出任何與獵人有關的語句。

為了讓自己能夠釋疑，我再尋找日文著作，終於找到了曾經擔任過台東廳督學的安倍明義氏，於一九三年發表的「卑南社之猿祭」。據他的調查：昭和三年（一九二八）以前的猴祭，訂於十一月底至十二初之間，由於昭和四年遷卑南社至南王村（舊稱「斯克邦」）後，翌年兒童必須赴學校讀書的關係，才往後移到十二月下旬舉辦猴祭。

據安倍氏記載，少年為對象的猴祭與成人為對象的狩獵祭（manayao），這兩個祭儀是緊連在一起的，前後長達二十天左右，而這個時期正是他們農繁期已過，可以作休閒活動的良機。

下面大略節譯出安倍氏所記述的大意：「少年人為準備猴祭，每年八月即開始修理集會所或整頓，從這時開始，大家都要在集會所住宿，直到十二月初祭畢為止。以往的話則要住到翌年四月，住宿期間必須跟隨上級生學習許多禮貌與作人的道理。少年們也必須設陷阱活捉猴子，在集會所把牠飼養到猴祭當天。」

「猴祭的場所都設在集會所外三、四公里遠的地方。一個月前先

在該地建立一個長方形爐子，祭典當天，初年級少年把裝有猴子的竹籠挑到祭場，放在爐架中央，十六～八歲級（稱為malatawan）的最出色者（等於是班上領袖），向天發射三箭，然後向神唸出禱詞之後，用竹槍加以刺殺，但其他人只是補助刺殺而已。最後上記少年領袖向北方發射三箭，圍觀的年長者唱歌助興，一齊返回集會所。malatawan級的領袖，把三年級以下的少年，每人各打一下屁股，即表示各生修畢各階段的學業，接著載歌載舞，最後清除集會所內的髒物，以示去舊迎新。」

在這個記載中，我們應特別注意到猴祭與集會所各級學生結業式典連接在一齊的事實。當然，我們也不應該忽略了前面佐山氏所記述的：猴祭具有避邪咒術的功用。又若將猴與緊接著要舉行的成年人的狩獵祭相比，則說兩者均為族人摩練狩獵技術的例行公事，並不會差錯太大。要之：筆者在此要強調的，是原始的卑南族的猴祭，是具有結業式典、避邪、訓練狩獵技術三種重大意義，決不是單純的娛樂節目，可是現代卑南族人所舉辦的猴祭，卻是另外一種，徒然有其名，卻連傳統猴祭的空殼也見不到，不消說其固有精神。

筆者曾於一九八一年十二月廿八日，再前往南王村，採訪當天在南王村舉行的猴祭的情況。當天住在南王村兩百多戶的成年男子以及正在接受訓練的米阿卜旦（miabutan 18~22歲），全體都要集體上山狩獵。可是如今所謂狩獵，祇不過是蹲在地上挖設陷阱，希望能捕捉幾隻野鼠意思意思即夠，若果想像著往昔提弓攜箭追捕山豬野鹿的矯捷雄姿，則必然大失所望，但若果顧念到現代的卑南人已經不再需要真刀真槍去獵獸，則多少可以釋然。

可能傳統的儀式完全失傳之下，此日前來參加的竟然包羅了十八歲以上四十歲為止男子，真正出發參與狩獵者將近一百人左右。隊伍的聲勢浩大，數十輛機車及兩輛小卡車（供老人乘坐）也一齊發動，馬達雷鳴，一瞬間連山川都被震動了。號稱是最年輕力壯的「米阿卜旦」與「萬沙浪」（bangsalan 結婚前到二十二歲者），卻個個足穿名牌運動鞋，手戴名錶，精神煥發，向十八公里外的知本溪畔野營地出發。

當地里長已經在營地準備好一隻已經養了將近一年的山豬等候著，以免野營三天的收穫祇是幾隻野鼠，這一批卑南壯丁無顏回去見村裡婦女們的窘況發生。轉眼看看營地中央好大的烤肉架，等了老半

天，才見三隻野鼠寂寞地點綴其間。

留守在南王村的婦女們，此日並沒有閒著，適逢歲暮年終，長久沒有穿用的衣服都趁機拿出來整理整理，以便最後一天迎接勇士們凱旋歸來時穿戴。

營地上由於狩獵物奇少，里長還派人下山去買雞來充當門面。前面曾經記述過的唸禱詞或唱祭歌的儀禮，似乎在戰後消失得無影無蹤了。

第二天野營地一片熱鬧氣氛，先在溪邊砂地挖了個坑洞，接著把宰好的山豬埋掩起來，因為溪砂冰涼，形成一座天然冰箱，現代人的創意實在也不錯。

此日陷阱較昨日稍有進步，捕獲十來隻野鼠，一併與山豬肉上烤火架，大家忙到深夜還沒有完全烤完，只好各人就蓆位，暫時進入夢境。其實此日已經有許多尚在就讀學校的學生及年輕人，離隊返回其工作崗位上去了，人少了一半，氣勢自然銳減。現代的萬沙浪或米阿卜旦都太忙碌了，猴祭早已與他們成為無緣無故的存在。第三天大家隨便歌舞一下，然後把營地清掃一番，即打道回府，各自歸家報平安。這就是為期三天的廿世紀末卑南族猴祭的實況，說它是一場毫無宗教氣息的純粹休閒活動，並沒有過份。

在距此十八年後的一九九九年十二月二十五日，台東市南王里舉辦卑南族年祭，我又有緣前往參觀。當天上午八時左右，四十多名兒童、少年都陸續到南王國小旁的「巴拉冠」少年會所集合，年紀最小的是幼稚園的小娃兒到十幾歲的少年組，均穿著配合其年齡階層的傳統服裝，少年們還佩腰刀，看來特別神氣，不過少數幾個遲到的少年，被長老用竹棒打屁股，略施薄懲。

九時半人到齊了，長老們也早已紛紛進入少年會所；接著輪流由長老們對年輕人的精神講話，然後「猴祭」便為本年度卑南族人的年祭揭開序幕。十一時正，長老們叫少年們排成兩路縱隊，分成南北兩隊，分別跑到社區南北兩個部落中的喪家（今年度計有十六戶），為他們去除晦氣。

依據卑南族的習俗，少年們只能由喪家後門進去，前門出來。喪家婦女們此時見狀莫不思念故人，不由得淚流滿面，不過，他們都相信經過這項象徵性儀式之後，這一家從明年起好運必會光顧。這種卑南族獨特的讓被儀式，我倒是第一次見到，覺得很新鮮。

接著便是最重要的猴祭：少年組中年紀最大者一名，用紮上許多白紙條裝飾的竹製長矛，對準用草繩紮成的猴子刺一下作示範，接著全體在場的少年們，集體對草猴連刺三下，象徵已刺死猴子了，接著大家圍著草猴唱祭歌，感謝猴子供他們磨練狩獵機會。（附圖37）

卑南族何以有猴祭的儀式？一個長老對我解釋說：一個人若能捕殺到行動敏捷而飛走於森林之間的猴子，才算是本領高強的勇士，嗣後即使遇上真正的敵人，才能夠應付，遂衍生出猴祭，而如今屬於卑南族的部落雖眾多，然而真正澈底的做到這項儀式的只有南王里部落。

長老的話大部份值得首肯，不過依筆者個人的觀感而言，的確此次猴祭比起一九八一年筆者所看到的場面，較像一個種族的祭儀，多少尚可以聞到些許的宗教氣息，可是，服飾也好，用具（矛等）也好，都濃厚地帶有舞台表演的道具與衣裳的意味，實際上這些孩子們一輩子除了此時此刻絕不會拿到真鎗真矛吧。

繼猴祭之後的儀式，便是象徵年齡階層服從兼結業的「打屁股」儀式。卑南族傳統習俗，凡男孩進入十二歲，即必須加入部落裡的青少年組織，接受六年的斯巴達式生活教育。其主旨在培養忍耐、犧牲、奮鬥、榮譽、團隊等精神。另外也利用這一段期間，作體能耐力、生存技能、狩獵技術等訓練。

當少年們進入十八歲之後，便升級進入為期二年的律己苦行階段，並不斷地考驗其所學習的績效。據說昔時是相當嚴苛的，他們必須在大獵祭的活動中，通過各種考驗之後，始可授予成年加冠禮，其意義實在非凡。不過，卑南族在二次大戰後，統統都與平地人一齊接受公家的教育，早已沒有人會到集會所接受其傳統的教育了。所以今天的「打屁股」，已經不含「結業」升級之意，而只留下「服從」的美意。其形式是先由年長族人用竹棍打最年長少年屁股一下，再改由他打全體比他年幼者，依此類推，最倒楣的是幼稚園小朋友，好在都只是象徵性，高高舉起，輕輕地落下，雙方都笑嘻嘻地一團和氣。

註解：

註一：請參閱拙著「南海遊蹤」（1973，三民書局出版）P.226~230

附圖37　卑南族少年祭典「猴祭」
　　　（1999年攝於南王村少年集會所）

布農族慶典時男士佩帶之貝珠
（1975年攝於花蓮縣卓溪鄉卓

6 布農族

BUNUN

六、布農族

(一)神靈觀

　　布農族居住於玉山以北，中央山脈以西的丹大溪與郡大溪流域，近代開始南遷與東移，深入台灣中央山脈的中心地帶，大致形成五個組群。當然，布農族在近代受到緊鄰的阿美、曹、排灣、泰雅諸族的侵擾之下，也有些變動居留地的現象，例如台東縣與高雄縣內山地也有他們的居住點。

　　關於布農族的創世紀，有多種版本：例如東埔一帶的族人流傳的神話是：太古時代從天上掉下一朵牽牛花，花中有一蟲，它不久變成人的形態，接著生下許多孩子，再傳出後代子孫，分散到四方去繁殖。

　　另外有一說亦與昆蟲有關的：

　　太古時代出現了兩個沒骨骸只有肉身的人，他們經常在地上匍匐著，某日螞蟻、蚊子、蛆蟲等群集來到他倆身邊，他倆大吃一驚而站了起來，卻從此能夠自由步行了。不久他倆徘徊於溪底而甚感疲勞，竟就地蹲踞略作休息，忽然看見兩隻小鳥交配而相疊，兩人始知和合之道，嗣後子孫繁榮。

　　巒社群族人（分佈於中央山脈東西兩側，南投縣內望鄉、新鄉等與花蓮縣內瑞穗、玉里、卓溪等地）的說法，卻另有一套：

　　太古時代有一男一女，是世界上第一個出現的男與女。某夜男的在夢中見到神，告訴他說：若果用蛻身的蛇殼，在女人背上打三下，即可使其妊娠。男的照辦了，果然不久即生下四男三女，他們互相結婚繁殖後代子孫。

　　與排灣族部落住得較近的地區，卻受其影響而有此一說：

　　『太古時代有一座山，頂上有巨石突然裂開出現了很多人，布農族就是他們的後代子孫。』

　　大致上布農族較其他各種族，地處於中央山脈的較高地帶，文化尤為閉塞，與外界的接觸較少亦較慢，所以其所保存的宗教信仰、巫俗、禁忌、祭儀等，也都比較純真，較能保存著原貌。我們僅聽他們口述的創世神話，都會為其想法天真爛漫而抱腹大笑。

　　至於他們的神靈觀念怎麼樣呢？布農族將精靈、神靈、死靈等通稱為「卡尼斗」(kanito)，而相信人的右側有善良的「卡尼斗」，右側則有不良的「卡尼斗」，凡人看不見「卡尼斗」，它們像人的影子一樣的存在，甚至於過去有些人曾經將「人影」(kanigo)視為「活的卡尼

斗」。

　　人所以會做壞事，是由於希望做好事的右肩「卡尼斗」被經常想為非作歹的左肩「卡尼斗」所打敗的結果。還有任何人面臨危境而尚能安然無恙，渡過難關，是由於善良的卡尼斗庇護的結果。

　　人一經死亡，立刻會變成「卡尼斗」，但不知往何方。也有少數人相信：「卡尼斗」會前往祖靈之處，若果因意外事故死亡者，其冤魂會在天空中徘徊，壽終正寢者的靈魂即留在地上，而善人赴善靈群集之處，惡人將赴惡靈群集之處。

　　正如前面所述，布農族固有文化接受到外來文化影響較為緩慢而輕微，因此占卜至今仍然很流行，禁忌之多，在全台九族之中該是首屈一指，依據戰前日本學者留下的調查記錄，他們有許多咒術，也盛行厭勝與禳祓等巫俗。在日治時代，居住在布農族鄰近的其他種族，談起布農族的咒詛法術，人人色變的程度。當然其法術不可能外傳，亦不為後人所知。

　　據筆者調查所知，台灣各族中布農族是極少數懂得「厭勝」與「禳祓」的種族之一，各社做法不一樣，無法在此詳述，但在這種「消極儀禮」之中，經常會被利用的就是菅芒草與菖蒲根，他們均相信這兩種植物有避邪、驅鬼的神奇作用。

　　除了一般性的咒術以外，布農族過去（含日治時代）也盛行「乞雨」與「乞日」，這是其他種族所沒有的；可是做法每一社都不一樣，茲僅舉出筆者在東埔部落調查所知記述於後：

　　乞雨（求雨）——將菅芒草放入水中，快速抽出，使其丟落水滴，並不住地唸咒語。

　　乞日（求陽光出現）——一邊吟咒語，一邊將獸骨燃燒。要鎮壓

暴風，火燒獸骨，據說也很有效。

日本學者戰前曾經在花蓮廳（大正年間稱為北方武崙族，南投廳內布農族則稱為南方武崙族）內高山部落，採集到他們的一種非常特殊的「月星占卜法」。其方法是以月亮與一顆星（特定的）的位置之不同作不同的解釋，大多用在出草戰爭時，露宿當夜占卜之用。可是詢問現今布農族耆老，已經無人知悉有此法了。日人文獻上亦曾記載著有過「瓢卜」，但同樣地無人知曉了。

在本章的最後，我們也應該來談一談布農的夢占。

在戰前的原住民各族的傳統社會裡，巫術是十分流行的，尤其布農族部落裡，巫師的地位崇高，頗受眾人敬重。他們必須具備祈福、治病、占卜等特殊功能，甚至於還能通靈及控制鬼魂，少數巫師還被族人視為能操縱族人的禍福，甚至幫忙別人咒詛或陷害仇敵，使其病死或發狂（可稱為黑巫術之類）。

但是布農族的巫師，也有兼作夢占者。本來夢占在其他種族之中，是由作夢者自己將昨夜夢境視為預兆而解釋事情之吉凶。這種夢占方式幾乎盛行於全世界開化或未開化民族。台灣北部人到木柵指南宮去「運夢」以資判斷事情的吉凶或可行度，也是同樣一樁事。布農族也不例外，迄今他們尚在信仰的夢占條例，多得更僕難數。

例如：夢見接受他人的饗應、群蜂飛行而過、獲得他人贈送獸肉、有多人搬運東西入家門、登山、拾物、移植樹木……等都是吉夢。還有，夢見由祖靈贈予獸肉，表示妻子將要懷孕或豐收、夢見他人在獵人首，表示村子連續三年的豐收。夢見豐收則表示其妻不久將妊娠。夢見揹負他人上坡道也是吉兆，但若夢見揹負他人下坡，則半吉。

至於屬於凶夢的：夢見自己在唱歌或他人唱歌，是家人將患病的預兆，農具或其他家中工具破損，則表示夫妻中有一人即將死亡。夢見與配偶離婚為當年凶收之兆。還有夢見家屋倒塌、與他人爭論或口角、宰豬而得不到豬肉、被貓狗咬傷、往溪底行走或涉水過溪流、過橋、與人通姦、日月星等天體墮落等。

說來，這些夢占方式，至為單純，亦易令人首肯，無需請他人解釋即可以了解。不過布農族另有一種依靠巫師憑「夢靈」的指示來治病的奇特巫俗。依照專作這種夢占治病的巫師說法：他們是接受一位

〈參考圖〉 南投縣中正村部落裡
尚可看到的石板屋屋
頂（1979）

乃至數位「夢靈」在夢中指示，作治療病患的依據。更令人感到有趣的，是他們相信在夢中作指示的夢靈還有男女之分，男巫師的夢靈為女性，女巫師的夢卻是男性。

當然，布農族部落也在開發當中，巫師的被信任度亦不免受其影響，風光已久的巫師階層，在這一九九○年代裡，已經變成夕陽族了。

(二)射耳祭與獸骨祭

射耳祭(malahtagia)是布農族最引以為傲的民族祭典。過去一直以狩獵與務農維生的布農族，藉此射耳祭來練習狩獵技術，並肯定其在社會中的地位。

射耳祭本來在收成後的農閒期舉行，實為宗教祭儀的一種，並沒有固定某月某日，而且各社擇定日期也不相同，他們也是結繩記事，並沒有月曆可看。

對布農族而言，意義重大的射耳祭，卻由第二次世界大戰的結束，改朝換代，新的外來文化入侵，地方自治為名義的行政架構，套在他們固有的社會結構上，狩獵也開始被禁止了，射耳祭竟無疾而終。直到一九八四年十二月廿三日，才重現於高雄縣桃源鄉，使許多布農族人走進時間隧道，重溫數十年前古時獵人的樂趣。

傳統的布農族固有的祭典，按節氣來排列，即有開墾祭、播種祭、拔草祭、狩獵祭、射耳祭、獸骨祭、粟祭（亦稱收獲祭或豐年祭）。其中射耳祭都在十一、二月之間。在此祭典之前半年時間，各戶男子都應入山打獵，將其獵取的動物晒乾或烘乾存放在家中。射耳祭一到，紛紛將自家獵物集中在部落廣場上。昔時他們的狩獵大多為

附圖38　布農族射耳祭傳統舞蹈
　　　　　（1999）

圍獵，獵犬隨行，場面壯觀，入廿世紀中葉以後，逐漸地形成個人出獵的現象。茲大略記述一九八四年筆者在現場所看情況：

祭典一開始，廣場上擺著幾隻山羊、山鹿、山羌三種動物，先把牠們的耳朵割下，掛在樹枝上，由年滿十三歲以上男子，在距離三十至五十公尺處持獵槍將耳朵射落，不中時，一再嘗試至射中為止。他們相信若有人中途落跑，會遭到肚子痛的報應。

至於六歲以上未滿十三歲的男孩，則持弓箭射穿約五公尺外地上的獵物之肉，以鍛鍊其膽識與臂力。

除了這些祭典中主要角色的男子以外，族裡男女老幼都盛裝而出，聚集在現場觀看，不住地歡呼加油。參觀了他們射耳儀式後，我的感想，是他們藉此祝福男孩的順利成年，並期望其日後成為神射手，也可幫忙防禦家鄉為外敵侵犯。除了部落人以外，外地來訪之朋友亦可以參加射耳之儀。

由於射耳祭為年輕男子舉辦的，同時也是全村慶祝豐收並祈求平安的祭典之一，所以其他男女即使未參加射耳祭，也都趁機呈露其歌舞才華（附圖38）。變化多端的舞姿，與渾然天成的四部合唱，是其他種族所沒有的，尤其和聲唱法深受海內外民族音樂研究家們所重視。

這一次的射耳祭，純屬「復興」性的一次大膽的嘗試，雖然祭儀的性格幾乎未曾被重視（據說時間也不適當），可是至少使瀕臨失傳的傳統民俗活動得以保存一些痕跡，已經是初步的成功。我甚感振奮地離開了桃源鄉的祭場。

近十多年來，由於文化本土化的呼籲頻頻，原住民各族也開始重視自己族人的文化，不但射耳祭逐漸恢復大半原貌，連更早消失無蹤

的獸骨祭，也重現在其文化活動之中，令人慶幸。

所謂獸骨祭係在射耳祭之後繼續舉行的，通常射耳祭應由凌晨開始，一聞雞鳴即對空鳴槍，射耳祭很快結束後，接著舉行主祭，此時天空已經大亮了，男人們紛紛進入祭屋，司祭者在直徑約一尺許的圓石板上，點燃桃、李等四種植物的枝幹，舉行火祭，這表示獸骨祭的序幕已啓開始。他們相信從火堆所發出的「烘烘」聲響，越大越吉祥。

接著司祭者手拿獸肉以逆時鐘方向振動，口中唸唸有詞，召喚山上所有動物與被殺敵人靈魂，統統前來接受饗應。

事先準備好的過去獵取到的獸骨排在祭壇上，司祭者接著開始隆重地唸起禱詞，其大意云：「感謝你們前來本社，供我們享用，也變成族人的一分子，希望繼續回去召來更多同伴前來，使我們生活更充實。」

當司祭者唸完禱詞，在場的配祭者紛紛拿起酒釀，擲撒在獸骨上面，於是獸骨祭告終。接著外面的族人有的開始飲酒作樂，有的幾個人圍成一圈，開始歌唱又跳舞。此時他們所唱的都是歌頌小米豐收之歌，由低音以循序漸進的方式唱至高音，歌唱者互相搭肩成圓圈，以小步緩慢向逆時鐘方向旋轉；此起彼落的歌聲有時如黃蜂聲，有時如瀑布聲。此時此刻迴旋盪漾於其間的，是布農族人對天的隆重敬意。（附圖39）

射耳祭與獸骨祭相連舉行，都是出自豐收（包括農作物與獵物）之祈求與感謝，但獸骨祭卻不見於臺灣其他種族；其實祭拜所獵動物之習俗，也是狩獵民族的泛靈主義的一種表現，舉辦類似祭典的，在世界狩獵民族中並不稀罕。

澳洲土著民族、非洲草原狩獵民族、東北亞狩獵民族等之獵獲物都比較大形，他們為了順應超自然的表現之一，即是以生活基礎上最重要的狩獵動物為對象，展開祭拜的儀式。

東北亞狩獵民族都視野獸具有靈魂，而且相信世界上有一種統管野獸生死的「獸主」，為避免狩獵標的減少，他們經常對它有獨特的儀禮，並在禱詞中各有說詞，例如宰殺野獸之後，故意強調其被殺是偶然的，甚至於有的還將其宰殺行為轉嫁於其他部族的。有的害怕獸靈的報復，還鄭重其事地埋葬其遺骨，或在狩獵現場除掉其雙眼、鼻

附圖39　布農族頭目專用貝珠胸飾（1970年攝於花蓮縣卓溪鄉卓麗村）。

子，有的不敢走回原路，以免獸靈跟蹤。

　　他們相信獸靈會回到「獸主」之處，由「獸主」再賦予新的軀
體，因此有的種族還會將動物的遺骨鄭重地吊懸在樹下。最令人感到
興趣的，是他們有的還會特別舉辦儀式，強調人間的好住，希望他們
的靈，將來一定要再回來，供其獵取，有的種族還將其貴重的獵狗充
當犧牲，獻給「獸主」或獸靈。

　　雖然本章特別介紹布農族的獸骨祭，其實台灣原住民族尚有排灣
族、魯凱族、卑南族、鄒族等，他們雖然沒有隆重的儀式，可是只要
曾經從事過狩獵的家庭，向來都在牆壁上掛滿山豬顎骨，一方面誇示
勇武，一方面祈求繼續狩獵的豐收。這種習俗仍出自祭拜「獸靈」的
思想（附圖40）。

　　這些都是非常典型的泛神主義之表現，也就是萬物精靈觀下的祭
拜獵物的行為。布農族是台灣山族中最後脫離狩獵民族生活形態的一
族，他們尚保存著古老的祭拜獵物的祭典「獸骨祭」，是非常值得珍
視的。

附圖40　除了布農族有隆重的獸骨祭以外，排灣群族等其他原住民都會在家中壁上掛滿山豬顎骨，
　　　　有誇示勇武兼祈求豐獵之意（1970年攝於霧台鄉好茶村）

阿美族少女慶典時之盛裝

7 阿美族

AMIS

七、阿美族

(一)創世神話

　　台灣原住民諸族之中，人口最多的阿美族，分佈於東部台灣的花蓮至台東一帶縱谷平原及台東海岸山脈外側之平地，其族人分佈地一部分被列入山地行政區，但大部分劃入平地行政區。

　　阿美族的社會組織，以母系制度與年齡別階級制度有名。由於其居住的地域為南北狹長地帶，所以自古以來，其北部群不斷與泰雅族的木爪群、太魯閣群有所接觸，中部群則與布農族有所接觸，甚至常有互相侵襲的事件發生。至於南部群卻與卑南族緊鄰而居，關係尤為密切；當然我們更不可忽略的，是阿美族清代以來，即與漢民族往返頻繁，在物質文化或習俗上，略受其影響，尤以戰後為甚。

　　關於阿美族的創世神話，日本學者在治台初期所採取到的有二則：

　　太古時代有男神與女神，生下一男一女，某日他們一家攜帶豬與雞，降臨名叫「卓拉楊」的地方，就在那裡繼續飼養這些動物。有一天一個男神因狩獵而追逐一隻鹿，來到卓拉楊附近，意外看到這一家飼養著雞與豬，大感興趣，竟叩門要求讓與二神當然不肯，因而得罪了，他憤而去求海神幫忙，五天後海潮大漲，海浪侵襲卓拉楊。男女兩神利用梯子爬登到天上去避難，可是卻遺忘兩個兒女在地上，但後悔已莫及了。再過數日之後，水退了，原來兩個兒女在洪水時將一個木臼充當木舟，漂流到一個叫做「拉加珊」的地方。花蓮港平野就是當時海水把高山或丘陵沖平而形成的。再說漂流的這一對年輕男女神，就在拉加珊住了下來，因僅他們兩神的存在，只好結為夫婦，竟生下許多孩子，他們就是阿美族的祖先。

　　這個神話中出現了海神，這是其他種族所沒有的，這似乎與阿美族長久以來大多住在東台灣的平地，生活上與海關係密切有關。早期日人所採取到的另一則創世神話是：

　　昔日卓拉楊山的山頂上，由天空放下一個黃金造的梯子，接著一男一女下來了，居住在此，不久生下一男（名叫史拉）一女（名叫娜卡）。當時天空沒有像現在那麼高，日神或月神也常降臨而與他們玩耍談笑。住在海邊的一對夫婦也常來訪。某日，日神與月神前來告訴他倆：「從明天開始，太陽祇在早晨到黃昏之間出現，而月亮即是三十天中僅一天可以露出全臉來。」果然從翌日開始，太陽在早晨出現，直到黃昏時分就不見了；月亮也每隔三十天才會露出整張面孔。

再過了一段日子，有一天，史拉與娜卡到外面去玩耍，直到日落才回家，可是，他倆的父母卻不見蹤跡，到處尋找都無法尋到，竟放聲大哭。恰好住在海邊的那一對夫婦來訪，他倆將父母失蹤的經過告訴了，以為必定會獲得安慰幾句，沒有想到他倆不但未加安慰，還指責他們的不小心，未好好照顧父母，並嚴詞拒絕將來再與他們的交往；意外地受到指責之後，他們又開始號淘大哭起來。可是在他們哭泣當中，卻突然聽到了山崩海嘯之隆隆聲音，不久果然洪水由南方沖來。他倆只好就近拖出長條形的木臼，一經跳上去，即漂流了十五、六天，最後漂到「人仔山」(Ragasan)。於是兩個人必須合力開墾土地，可是當時只有牛角或牛骨充當農具，非常不方便。他倆又登上梯子，到天上去會見了祖父母，獲得其贈與的鋤頭與蕃刀，回到地上來，繼續在原地生活了數年，才搬居到人仔山之南（叫做普克羅）定居，在此生下五男一女，後來其子孫尤為繁殖而成為阿美族人。

附圖41 傳說是阿美族祖先漂流來台之獨木舟（1976年攝於阿美文化村）

這兩則神話在日治時代初期出現在太巴塱、奇美（日治時代稱為「奇密」）兩地區的阿美族人之間，到了一九七○年至八○年代，筆者前往採集時，已經沒有人能說出這樣的故事了，而唯一獲得的是「傳說」，而不是「神話」。他們紛紛告訴我說：阿美族的祖先來自南方大海，他們坐上了一艘獨木舟，漂洋過海來到花蓮近海，竟選擇這裡為定居地而住了下來，嗣後再繁殖子孫而成為阿美族人。

他們不但如此相信，還會提出「物證」說：現在花蓮市的阿美族文化村仍舊收藏有一艘破舊的獨木舟，就是當時載了其祖先的。一九七六年二月間，我到現場去參觀，果然看到了一艘幾乎朽成一片長約四、五公尺、寬約一公尺的木舟殘骸，要說它是船不如說是一大塊木板來得妥當些（附圖41）。

以上記述了三個與海有關的神話與傳說，它們都暗示了祖先由他處漂流而來的史實，頗有令人參考的價值。最值得我們注目的是不但有傳說，他們實際上還有祭拜曾經幫忙祖先漂流到台灣的大海的儀禮——「海祭」。

東部阿美族中，南勢群與海岸群的部落，自古以來都有「海祭」的儀式。南勢群的里漏村民稱海祭為「米拉迪斯」(Miladis)，年輕人卻把它說成「祭拜海龍王」。向耆老詢問海祭的起源，他們答稱：「老祖宗在海神卡費特(Kafit)的保護下，才安然來到台灣島，所以每

年均在六月中找個適當的日子，充當先祖登陸紀念日，感謝海神。」

可是，在海岸群的部落芝舞蘭村裡，一個耆老卻告訴我說：他們雖也有海祭，卻不叫做「米拉迪斯」而稱「彌撒慈波」(Misatsupo)，每年的五月間，在秀姑巒溪出海口之處，感謝海神也同時祭拜祖先。他們相信祖先自南方島嶼叫做「塞內亞賽」(Sainayasai)渡海而來，然後在此登陸並據此為棲身之地。現在的族人就是其衍生的後代；昔時有部分族人沿著秀姑巒溪而抵達台東縱谷，又有一部份由此再北上而抵達奇萊平原。海岸群的族人至今仍舊沿用舊稱「彌撒慈波」為海祭。那麼，出現在這個傳說中的地名「塞內亞賽」，究竟是什麼地方呢？這是個很有趣的問題，一個耆老回答我說：「過去我阿公曾經告訴我說：那該是現在的綠島吧」，這個答案又給筆者帶來許多遐想。

在秀姑巒群部落奇美村的採訪中，筆者又問到了更為新鮮的訊息：他們將海祭稱為「苦默里斯」(Kumulis)，是在秀姑巒溪邊舉行的祭祀的日期通常都在豐年祭後。顯然地，靠海生活與靠溪生活，必有不同的生態，他們祭祀的本質或形式大致上沒有大變，可是祭祀的對象卻由海神變溪神；還有，他們祭神的主旨，由本來感念海神幫忙先祖渡海成功的酬謝儀禮，在二十世中葉卻變成祈求海龍王幫忙捕魚豐收的功利性祭祀。這種意義上的變遷，是很自然的，誰也阻擋不了。本來是男性村民都要參與的海祭，此時卻變成了阿美族漁人們的私祭，供品的極度漢化，無需贅述。

除了前面曾經提到的神祇以外。阿美族還信仰什麼神呢？

首先，出現在神話中有日神與月神以外，他們還視日月星等天體為神而總稱為「麻辣豆」(maratau)。他們將祖靈通稱為「烏杜基」(udugi)，相信他們住在東天；「基布杜朗」(Chidudoran)為五穀之神，亦兼司豬等家畜之神，他住在南天。有一惡神名叫「卡利亞」(Kalya)，他會吃人。

阿美族對於神祇、精靈、靈魂等有一綜合概念，通稱為「卡華斯」(kawas)，但也有些地方稱為「迪豆」(ditto)或「利豆」(lito)的，阿美族比其他種族擁有諸神的系譜，職掌亦更清楚些，可是，有關神祇名或祭儀方式、禁忌等，卻因地點的不同，有些差異。這可以判斷為起因於族人分佈於南北兩端，距離甚長。

(二) 神靈觀

　　阿美族的泛神主義信仰，可以說係以「卡華斯」(kawas)一詞所表現的神靈、死靈、精靈等觀念為其核心，無論南群或北群，他們都一樣相信人的右肩住著「善靈」，左肩住著「惡靈」。善靈正在監督我們的行為，如果冒犯任何禁忌則會受其處罰，善靈會給人以忠言，惡靈會引誘我們去做壞事。

　　他們也視右手為男性，左手為女性，所以認為任何人右手比較管用是正常，左撇子多少會受到族人的蔑視。這一點有些令人費思，因為照理說來，他們為母系社會，應該重視代表女性的左手才對，否則以右手為女性是不是更合理些？

　　阿美族相信人係由於卡華斯（神靈）的力量而出生，而且活下去。人一經死亡，即變成卡華斯（當然不等於神靈的卡華斯），然後飛往祖先靈魂所住的世界，去與他們繼續「活下去」。在那裡可以打漁，也有田地可耕作。

　　約等於漢民信仰的壽神，在阿美族中也有，他們相信一個人所以能夠長壽，是由於「生命之神」(pa-orip-ai)也即是「杜義」神(dogl)特別保佑之故。

　　遺留在奇美村、馬太鞍村、太巴朗村等部落裡的阿美族文化，是相當具有傳統的色彩。在這些地方，筆者調查的結果，發覺他們信仰中的諸神與農耕或農作物，有著非常密接的關係。

　　阿美族的卡華斯的觀念，是非常廣泛的，除了神靈、祖靈、死靈以外，有時候連惡靈也包括在其中，約言之：阿美族的神靈觀念是相當廣泛而模糊的，有時候，為了祈求農作物或獵物的豐收，祖靈（也即是祖先的卡華斯）也常常被奉為神祇一般地加以祭拜。

　　在阿美族信仰的諸神中，與農耕關係最密切的，是男神「馬拉他奧」(Maratao)，他是穀物之神，也是幫忙勇士赴敵陣獵取人首的保護神。他們相信此神經常鎮座在一家之中向南邊的柱子上面，一家之幸福與否，也是由他來決定的。有些部落卻將馬拉他奧看作是星宿神。

　　在筆者田野調查時，他們由於地方政府輔導而已產生共同墓地的觀念了，可是，在數十年前的日治時代，死人都埋葬在家屋附近的空

附圖42　日治時代阿美族墳墓已經設在住宅附近，上面還蓋茅草，外圍籬笆（森丑之助攝於1904年）

地。他們沒有將死者生前使用過之器具陪葬的習俗，尤以死者帶走金屬類器具（例如帶鐵鏃之箭或刺槍等）為最大禁忌，因為他們害怕死者的卡華斯萬一把那些器具射回來（或擲過來）可就糟糕。

他們如同其他種族那樣，相信遭受意外事故死亡者，其靈魂不可能變成善靈，所以，都會將他們的遺骸埋在距離部落最遠的地方：與他族的邊界附近，而其遺族必須邀請巫師前來作禳祓之儀。

在所有台灣原住民族之中，禁忌最多的首推阿美族，例如：為埋葬而控開的墓穴，遺族們特別要注意到：不可以不小心而將自己的眼淚流落在其中，因為這樣難免自己的靈魂也一齊被埋葬在墓穴之內。

當送終結束而返回家門前，必須先到附近河裡去洗洗身子及衣服。接著走回家門時，還必須在門外漱漱口。經過最後這一道手續後，才可以開始吃飯。第二天還要請巫師前來作法咒禱一番，其方式是巫師口含米酒，同時咀嚼生薑，然後對其遺族每一個人身上，吹噴幾下，就算已經把他們身上霉氣祓清了；包括前來送終的親朋好友，也必須陪他們經過一樣的程序之後才能各回自家。

那麼，更早的年代（大約一百年以前），他們是否也如同其他種族那樣，將死者遺體埋葬在屋內呢？我調查所得的答覆是肯定的，而且他們從古代以來，一直將死者的頭朝著南邊埋葬（臉即朝著西邊）。日本學者森丑之助於一九○四年拍攝的照片（附圖42）顯示日治時代初期阿美族墳墓已經設在住宅附近，上面還蓋茅草，外圍籬笆，但嗣後附近不再埋葬，可以說九族之中，埋葬遺體最隆重的一族。

如前面所記述，阿美族表示許多神祇都有其居住的方位，連人死後的埋葬亦講究要頭部朝南向，這是其他種族所沒有的。一九七○年代台大考古學系發掘三千多年前卑南文化遺跡，竟然發覺二、三千個石棺統統朝著都鑾山方向，從這個事實看來，東台灣地區原住民族（他們才是真正的原住民）數千年前就存在著重視方位的傳統習俗，也未可知。

他們還相信在善靈住西天；祖靈住在南方，所以祭祖靈時，必須朝著南方祭拜。東天為惡靈的住所，而意外事故死亡者之靈魂亦會飛往東方。

在阿美族的部落裡，一向巫術相當盛行，其他種族作法通常是一個人，祇有阿美族有多個巫師合作施法的現象。雖然科學思想或西洋

宗教，早已入侵族人之中，可是至今巫術在他們的部落裡仍舊有其用途。阿美話稱巫師為「西卡華塞」(sicawasai)，社會地位仍舊很高。

巫師們對病患的施術，通常都會先判斷該人究竟冒犯了何方神聖（卡華斯），然後一邊作法一邊提出象徵獸肉的豬脂肪為供物。一種阿美話叫做「迪華斯」（diwas 敬神靈專用之素燒裝酒器具，形同腹大頸細之小花瓶，附圖43）的素燒裝酒容器，也是巫師為饗宴鬼靈而攜帶在身邊的重要法器。

病人一經陷入危篤狀態，則必須請巫師前來做法，他們相信藉此可以留住病人的靈魂；隨侍在側的家人亦要不住地呼喊其人姓名，以免靈魂輕易地跟隨卡華斯走了。

巫師做法時，少數有發抖而進入忘我狀態(ecstasy)，他們如同漢民族那樣，認為這正是神明附身的最佳證明。阿美族的巫師除了會為病患作法，也相信有能力與神靈溝通，因而許多個人家庭內祭儀也會請他們前往充當司祭。在比例上男巫較多於女巫。

擔任巫師並非人人可充當，他們相信這必須依靠神的意旨；有人在兒童時期即接受神意而充當，有的上了年紀才成為巫師，甚至於原來不喜歡擔任巫師的人，在神意之下不得不去承擔。巫師做法時也如同排灣群族巫師那樣，攜帶一個工具袋，叫做「阿魯布」(alubu)，裡面裝著「迪華斯」，檳榔、豬脂肪塊、小米製造的檷糯等物；除了作法時以外，絕對不肯輕易示人。他們自負認為身為巫師須以濟世救人為使命，所以不接受金錢酬謝為原則，通常祇接受檷糯、豬肉等物。

（三）農耕儀禮之今昔

阿美族過去（好久以前）曾經種過秤，但向來都以粟為主以黍為副，到了日治時代才大量改種稻米，但無論以何種穀物為主，均要舉行農耕儀禮，只是這些儀禮非常繁雜，又與許多禁忌糾纏不清，而且各地部落之間習俗有些許的差異，要將它們統一作介紹非常困難，只能大略將其族人季節性農耕儀禮的演變記述於後，以供讀者參考。

在清代時期的阿美族還沒有月曆或日曆的傳入，當然亦沒有一年三百六十五天的想法，僅有的是一種以農耕與大自然發生的關係為基

礎而產生的春夏秋冬四季的模糊觀念而已。因此舉辦任何農耕儀禮，嚴格地說並非在每年同一個日子。換言之：播粟祭的日子就是某一個族人決定要播種的前一兩天，自己認為適當的日子，而且當天並沒有出現任何違反禁忌的現象，就可以放心去進行了，其他儀禮亦復如此；而且這種現象並非僅阿美族一族而已，而是台灣所有的原住民都是如此。

對於阿美族的農耕儀禮，最早詳細地加以調查而做成文獻性記錄的，首推大正三年（一九一四年）春間問世的「蕃族調查報告書」阿美族篇。其中有關季節性儀禮有四大祭，每一個大祭都要化費數天，而且每一個日子均有其儀禮名稱。茲將其內容（大意）節譯如下（大祭內之小祭亦有其名，省略之）：

一、「年始祭」（阿美話稱「伊利新祭」，約在農曆八月十五日左右）亦可稱為正月祭，但其所謂「正月」，並非我們所謂「正月」，而是他們所訂的正月，約等於漢民族月曆上的農曆八月左右。「年始祭」前後長達七、八天。第一日，婦女們要春小米準備年糕（現代人寫成麻糬），青年男子到野外去採集檳榔子，還要修理本月中要使用的農耕器具，到了晚上老人集合而唱歌跳舞。翌日各人持一些粟製年糕到頭目之家，一齊食用，並祈求今年的豐收及各人無病息災；晚上青年人集合跳舞歡樂。

第三日，老人與青年均集合在頭目家中跳舞，並從少年組中選出三名去年表現出色者；各持一塊帶脂肪之豬皮，用牙齒咬斷，然後拿在左手跳舞，如此跳了三圈，始將所剩餘豬皮返給老人們食用。

第四日，老人們集合在頭目家裡，從青年組中選出去年最勤勉而且服從老人們的指示而完成工作者三名，加予表揚，然後全體與會人開始跳舞。第五日，下午青年人全部前往海邊，作漁撈之準備，此時該三人站在海岸上，向「卡華斯」唸咒語，並強調：「今日為今年第一次捕魚，請賜給我們以更多魚兒」。青年人今夜露宿在海邊，婦女們即在家裡，等到晚上方開始跳舞。

第六日，青年組早晨出海捕漁，午後由海邊返回部落中的集會所，煮魚共食。第七日、少年組往海邊捕魚。老人們在集會所等到他們歸來，立即開始料理並共食之。通常不准在集會所食用魚類，此祭期間為唯一例外。

附圖43　阿美族祭典時，祭司作法之法器「迪華斯」（台大考古學系藏）

二、「家屋修繕祭」（阿美話稱「彌沙羅馬」）

第一日，為開工準備日。第二日，為家人上山採籐材之吉日。第三日，開始動工修繕或興建新屋。通常化費四天工作天即可完工。第七日，請巫師前來作法禳祓（厭勝）。第八日，在新築房屋周圍作院子，此日饗宴前來幫忙過的人們。

第九日，新建房屋之鄰居們，各戶均早晨起而舂小米，製作粿糕（麻糬），接著在門口以粿糕與酒、豬肉等當供品祭神、祭畢往床下放置一些供物，以供祖靈食用，並祈求全家的安然無恙及今年的豐收。

三、「播粟祭」（阿美話「瑪邵麻」，約在農曆十二月至一月間）

第一日，家家戶戶舂小米製作粿糕，然後與豬肉一齊為供品，祭拜卡華斯，祈求其保庇而獲豐收，此日嚴禁男女的性生活。第二日，各戶主人前往田地撒下粟種子。第三日，要出海捕魚之日，夫婦從此日起可以交合。

等到粟稍成長而需要除草的時候，青年組的成員們要上山打獵，在山中露宿兩三天，歸來後即舉辦祭祀，以祈求今年的豐收。在播種後的一段期間較為空間，故有少年組成員跳舞的日子，特別叫做「卡利苦旦」，還有一天必須全社的男人出海捕魚，特別叫做「巴卡朗」。

四、「收粟祭」（阿美話稱「貝哈巴昂」，約在農曆七月間）

第一日，將以前所製造的粿糕吃完，以期明日開始可享用新粟舂成的粿糕。第二日，收割粟之第一天。此日收割之粟，不搬入屋內，而吊垂在門外，當新粟將要納入穀倉時，將此粟充當除鼠害的神符，吊垂在穀倉之中，第三日，開始全面收割粟，並以此收成之粟製成粿糕，祭拜祖靈，祈求保佑能夠每日晴天，至收割完成為止。從此日數起，連續三天，不准他人入其家屋。收割各戶同日進行為原則。

當三、四天收割完畢後，立即展開下面節目：翌日修繕穀倉，過此日之後始將新粟裝入穀倉之中，接著選擇一日，青年人一齊出海捕漁，叫做「巴卡拉剛」。

以上係日本學者在當時北頭溪社所作調查記錄，距離現在約八十多年了（暫稱為大正版本）。筆者嗣後尋找昭和六～十四年間，古野清人所調查都鑾社農耕儀禮後所作簡單報告（註一），其時代背景距今約六十年前（暫稱為昭和版本），而與大正版本在北頭溪社的調查記錄，相距約二十五年，也可視為一個階段性文獻資料。

在古野氏的記述中，並沒有北頭溪社的第一大祭「年始祭」，也許此時確已因環境受外來因素的影響而自然消失了。接著第二大祭「修繕祭」古野氏並無作調查，可能它與農耕儀禮亦並無太大關係而加于忽略了。

至於北頭溪社的第三大祭「播種祭」，此時仍舊存在。主要的儀禮就是社中長老手執芭蕉葉，巡迴家屋內外四周，口中唸唸有詞，以此作為禳祓；可是詢問所唸何意，卻答稱不知所云，只是依照先人唸詞照唸一遍而已。當然在此期間中所撒所播的，有的是粟種，有的是稻秧，實際上已經由「播粟」轉進「播秧」了，儀禮簡化，僅留下許多禁忌仍被嚴格地遵守者：這數日期間不可食用魚類與貝類，亦不可以海水濡濕到身子……等。依年齡不同而分之少年組、青年組、壯丁組等制度，已蕩然無存，更不要說老人們要對他們加以訓練或教諭，也即是阿美族利用社中的集會所訓練年輕人狩獵技術、培養長幼有序的觀念等傳統制度，在昭和伊始，即已經開始消失了。

至於大正版本中的第四大祭「收粟祭」，在昭和版本中有著更詳細的記述，茲將其原文譯出如下：

收割的第一天，各人在家舉行小祭典。主人將當天割取的粟莖紮成束，將酒澆在上面，並：「祈求今天起的收割順利及豐收，不要碰到惡靈來阻礙，甚至希望別家的粟亦能跑入自家田裡」。禱詞簡單，任何男士都可以勝任。若果擁有較多田地者，每換一區即要做一次這種小儀式。

當全村村人都收割完成後，即當夜各人攜帶酒或豬肉，聚集在頭目家舉辦會餐，其席上所喝之酒都是去年的舊粟製成的。只有青年組以上的成員可以參加。收割完畢的第二天壯丁組成員，各自往海邊捕魚去，這些魚將晒乾後，以供「收穫祭」時享用。

以上所述，為八十多年以前的「收粟祭」（昭和版本），可是，在古野氏的記載中，除了這些以外卻多了一個「收穫祭」（戰後改稱為「豐年祭」），其儀禮及民間行事如下：

由於農事全部完畢，大家準備大祭多天，佳節一到都會將酒菜送至集會所，然後壯丁組以下各組成員，都必須參加團體舞蹈。若有人怠慢，老人們會拿起鞭條加以制裁。這個舞要連續五天，而且可以說是不眠不休地跳。這也是一種尊敬長輩的訓練。通常白天由男士們

跳，夜間則男女混合，手拉著手跳成圓圈，中央放置著焚薪。女性可以靠在自己喜歡的男士旁邊跳，而他們相信舞跳得愈起勁，明年的豐收愈可期待。

跳舞慶祝豐年五日之後，第六日為「新集會所建造日」。前夜老人們會向各階層男子們訓話一頓之後，發佈建造令。翌日早晨，他們即依照長幼之別所分的各組員，分頭上山去採取木柱與茅草等建材，另外一組即赴預定地（在海岸地帶）約七十坪土地上，開始挖掘立柱所需的地穴。在二十四小時之內必須整棟建畢，所以這個工作可說是對老人以外各階層男士們一大挑戰，也是男子漢大顯身手的良機（註：此建物並非要留下來供實用）。

第二天早晨，老人們會前來檢查新建會所是否合格，當檢驗合格之後，接著，在他們的指示之下，全體青年人都要集合在海邊，排成一里半（約九百公尺）長線，開始展開另外一種競賽，實則是一種生活技藝之團體訓練。

受訓各組成員均排列成一線，然後邊跑邊就地尋找建材，愈年幼者所被設定的路線上可能遭遇的障礙愈多，可是他們不可以避開或繞道，否則會遭受到長輩的鞭打。抵達預定地後，立即建蓋小屋，以供老人們抵達時居住之用。接著他們必須下海潛水去尋找貝類，如此下水多次，若未獲一貝者，又會遭受高年級班的鞭打。當夜壯丁組以上均住宿於小屋之內，然而其他低年級組則必須在較遠地點各建一小屋住宿一夜。他們潛水所獲貝類，亦均供老人們食用。

第二天早晨，全體人馬繼續往前奔跑，抵達指定地點後，立即又要建蓋大小屋，以供老人及他們自己住宿之用，然後繼續潛入水中尋找貝類、蝦類或釣魚，若收穫不豐盛會遭受上級生的責罵。第三天早晨，又是入海尋找貝類，等到中午吃飯後，即準備打道回府。少年組必須代替其他長輩們背負所有寢具及用具，然後等待壯丁組成員最後離開的人點上薪燎，冒出白煙為訊號，始一齊奔跑回到前天所蓋小屋裡，但少年組成員必須有人較上級組員早到而恭候他們為禮貌，否則亦會受到體罰。

抵達後，少年組必須整理小屋或加添些新的茅草，並排列所搬運回來之器具，接受點檢而確定無誤後始可以離開，否則亦會遭受體罰。可是此時少年組成員仍有許多工作等待他們去做：首先要搬石頭

來製造炊飯場所，接著要去挑水來開始煮飯，此時其他人已經在小屋外開始跳舞，直到晚餐後仍要連續跳兩三小時。晚餐主要餚饌為貝類，要依照長幼之順序就餐桌，其他組員即在屋外跳舞，所以輪到少年組就位，已經所剩無幾，只有些殘菜與剩飯了。當夜分別在集會所與小屋都有跳舞，從此日數起連續七天都在跳舞中渡過。

過了七天之後，一個月左右之間，每逢夜晚均有跳舞。可是這一段期間，老人們另有工作要做。他們鎮坐在集會所裡，分別叫組長進來，對去年中之辛苦加以褒賞或指責其怠慢疏忽之處。榮獲好評者老人們會給予倒酒鼓勵，有失誤者或犯法者會在眾人面前受到嚴厲的叱責；不過他們白天仍舊要到野外或田裡工作。

前面筆者譯述了大正版本與昭和版本的阿美族最大農耕儀禮，比較之下會發覺，在大正版本中出現的「年始祭」不見於昭和版本上，其原因可以判斷為：進入日治時期後，阿美族人更平地化，其中亦包括了漢民族化。對阿美族而言的正月，與環境的台灣人所過的舊農曆正月或日本人所過的新曆正月，在時間上未免脫節太多，而且日曆上的正月無論新舊曆均在元月初一，阿美族卻訂在農曆八月十五日中秋左右，所以舊習俗很快被淘汰掉了。他們在日治時代，將台灣漢民族的過年迎新春的佳節稱為「巴維隆」(Paviron)，一樣飲酒歡樂，休息數天。

不過，從另外一個角度來分析昭和版本的「收粟祭」，卻多了一種「收穫祭」，而且收穫祭卻比在此之前所舉行的收粟祭還要隆重而且祭典期間亦較長。說不定也可解釋做「始年祭」自然消失了，收穫祭多少也取代了它的位置。

不過，大正版本也好，昭和版本也好，在祭典期間的禁忌之多，仍然令人感到太繁雜了，這些習俗上觀念，似乎改變得較為緩慢。

（四）豐年祭的現代化

至於較昭和版本出現的年代遲了四、五十年左右，一九九〇年筆者到阿美族部落調查的結果，記述如下：

據稱他們的豐年祭戰後停辦了十多年，大約一九七〇年代才逐漸

地復活，但南部群、北部群、海岸群，都各自選擇日期舉辦，並非一定某月某日。我採訪的對象「港口村」，位在秀姑巒溪向東流而流入太平洋的河口北岸，係將日治時期石梯灣、石梯坪、港口等聚落合組成的。

當車子從蘇澳出發，沿著蘇花公路斷崖疾走，貫穿許多洞穴，便逐漸地駛進深色蔚藍的花東海岸平原，眼前碧波萬頃，視野豁然開朗。

過去港口村對外交通悉賴步行為主，在一九六九年公路開通，豐年祭也隨而復興，甚至於不久每逢佳節便引誘了許多海內外觀光客的踴進。一九九○年交通部觀光局東海岸風景管理處，將港口村的對外開放視為其經營重點之一，而一年一度的豐年祭儀式，則形同展示阿美族傳統文化的活動櫥窗，但無可諱言地，它卻促使具有其鄉土性與傳統性文化更快的流失與變貌。

本來阿美族傳統的「收粟票」，到了日治時代昭和年間，因「年始祭」的自然遭受淘汰，而在收粟祭（純粹祈求收割三、四天期間順利的祭典）之後開始出現「收穫祭」的祭典，戰後即以中國話說成「慶祝豐年之祭典」，是很適切的，但隨之而起的，卻是本來在此之前所舉行的更隆重的收粟祭、播粟祭、修繕祭……等統統都被拋之腦外，而消失得無影無蹤。

戰後一些研究阿美族文化的學者認為：阿美族豐年祭是一種結合了各種社會功能的綜合性宗教儀式。其實他們的說法只對了一半，其他許多儀禮由此取代的事實，是不應該忽視的，不過從另外一個觀點而言，豐年祭都是港口部落至今尚保存的唯一宗教祭典無誤。

港口村的第一天祭典由八月一日開始，一連六天。本來要在集會所舉行的儀式，現在改在社區活動中心。在阿美族的風俗中，豐年祭是屬於男性的祭典，經由傳統年齡階級組織來運作，這一點與昔日毫無兩樣。

在財產繼承與婚姻制均以母系為主的阿美族傳統社會中，青少年乃至老人，均依其年齡分級。原則上以十五歲為基準，每三歲為一級，若干級成一組，各組均有其專用名稱，因筆者在都鑾社一帶調查得知他們係以五歲為一級，組名亦完全不同，因而不在此對其制度詳述。各級男性必須分別負責全村（社）的公眾事務。雖然少年組、青

年組要在集會所集中受訓的制度，在日治時期後半期已經蕩然無存了，但歲數階級的觀念，在筆者調查時，還顯明地出現在豐年祭的祭典之中，但當祭典一經結束，又立即回歸於平淡，換言之：過去被阿美族人奉為金科玉律的長幼有序的集體領導制度，如今因國家行政體系進入其社會中，我們只能在豐年祭這個唯一的祭典儀式中，略窺其殘存餘緒罷了。

當天十五歲以上男子，統統都要集合在活動中心前面，分組分工進行各種籌備工作。首先由四十歲左右的壯丁組指揮，分配工作給各級成員，有的先去挑水來供一日之用，有的去尋找搭建臨時集會所之建材。約五十歲前後的壯老組或五十歲以上的老人組，只是從旁監督而不必負擔實際工作，老人組即屬於長老階級，在部落中最受敬重，所以他們均姍姍來遲，也無人敢見怪。

據族中長者描寫：集會所原址在現今天主教堂的位置上，約四十多年前的日治時代末期，雖然遷建於海邊，但不久因年輕人多往外面工作，戰爭的陰影亦彌漫於全村，集會所形同虛設，終於在戰爭末期中廢棄之，及至一九七○年左右才拆除掉。隨之而逝的，正是長老威權制的權力結構及敬老尊年的思想；老人們只有在這祭典中，才有機會向子姪們訴說往日情懷，並重溫舊夢，尋回早已被淡忘的 少許威嚴。

不久，首先回來的是少年組成員，他們每人扛著一根六尺多長的粗竹筒（粗大竹管子、每個竹節由上穿通，用來盛水），這種裝水器具，既方便又隨手可得，是阿美族專用器具，講究豪華美麗者，還會在竹筒外側繞以藤編花紋，但此時此刻所見的，只是剛剛採取的生竹管。他們雖不必煮 菜煮飯；只是把族人早已送來之飯菜溫熱而已。

另外一些上山採集建材的年紀最少的組員五六個人，果然扛的扛，拖的拖，把一些簡單建材搬回來了。雖然這一項工作交給這些向來對於搭建小屋毫無概念的少年們，使他們感到有些無奈，不過在長輩們的指導下，很快地進入狀況，不久他們的舅父輩們也加入工作，約費了半天時間，終於蓋好一座臨時性集會所。

第一天，祭典就進入高潮，因為前一天叫做「巴哥浪」，全村落的人都早已準備好許多工作：女的春米或裁製新衣、織腰帶或串珠子，男的上山採柴，下海捕海產；這一天紛紛將這些儲饌送往集會

所，供大家食用，雖然婦女們並不參加祭典，可是她們也都盛裝以示慶祝之意（附圖44）。

近中午時份，大家等候老年人來臨，年輕人都必須伺候他們盡情地吃，敬他們喝酒，直到他們酒足飯飽，才輪到中年組、青年組按著輩分去吃，等到最年輕的少年組上桌時，往往僅剩下些殘飯殘菜了，因為此日對他們而言，是敬老日，毫無怨言。雖然是母系社會的阿美族，不知何故，自古以來，這種盛大的傳統祭典，女性卻毫無角色可扮演，僅有的是在家中享用或晚上在廣場上的團體跳舞而已。

午餐後，立即揭開了祭典的序幕：魚類之捕獲活動，在老人們的指令之下，青年組各級成員，下海捕魚。這個節目實為祭典儀式之一，要進行各項祭典或結束時，均需要入海捕魚，來劃分「聖」與「俗」的界線。

當然捕獲之魚類也要經過簡單的烹調，才供眾人分享，不足的只好向回航的漁船購買。他們殺豬的方式倒還遵循傳統：利用一根削尖的竹棒，以正確的角度刺入豬心。宰好的豬先澆上滾水刮毛，再以古法覆上稻草，點火焚燒，去除毛根。

盛大的晚餐之後，團體舞會開始，身穿紅色背心，頭戴羽毛帽的老頭目，拄著竹杖出現在廣場，幾個長老跟隨其後，進入剛剛搭建的集會所，開始飲酒合唱，然後嚴肅地唸了一段沒有人聽懂的禱詞。最後率著長老們步向外面舞場。

頭目雖高齡八十一、二，卻中氣十足的清唱，其歌聲帶頭領唱，各級各組依順時鐘方向旋轉而成方形隊伍。低沉卻渾厚的男音，伴隨著鮮明的節奏與有力的踏步，時而高亢振奮，時而和緩沈鬱，卻愈演愈熱。

據說在其他部落，在這個舞會中還曾分別由中年組跳鬥士舞與感恩舞，由青年組跳和平舞與歡樂舞、少年組跳奮鬥舞、少女組跳情人舞與迎神舞等。這些都是現代人將原始的宗教舞蹈誤當現代舞，牽強附會地硬套上去的，脫離傳統的精神與本質太遠太遠了，幸虧此日我在港口村未曾遇見這種怪異現象。

舞者的服裝配合著其歲數的不同，有明顯的區別。五級以下的男子（總共分成十級），穿著直條彩紋綁腳褲，後圍黑色繡飾單片裙，頭戴羽毛裝飾的帽箍；五級以下則只需在肩上斜掛著寬背帶上綴有各

附圖44　阿美族各種祭典，都少不了歌舞表演（1973）

種花紋的彩色檳榔袋，顯出其老成持重的風貌。

在舞場中央，幾位老婦正忙著幫忙跳舞中頭飾掉落者加予整理，細心打點，因為阿美族有禁忌，在舞蹈中不可以頭飾歪斜或掉落，否則帶來不祥，所以要由婚姻美滿、家庭幸福者主司這種工作。這或許與漢民族的婚禮習俗中的喜娘有一點類似吧。

這一場載歌載舞早與大自然合而為一，歌聲響徹雲霄，舞步震撼整個村落，令人有置身世外桃源之感。

第二天到第五天是各家自己舉辦慶祝，在自家前面的曬穀場喝酒跳舞。據說有時候從第六天以後延長到半個月或一個月，以收成的好壞來決定。這是一位老人告訴我的，他也只是風聞過去的往事，在戰後卻未曾有過。利用豐年祭來延續敬老的思想或利用這場舞會選擇結婚對象，這兩個功用或許阿美族現代豐年祭僅剩的社會性機能吧（註二）

(五)傳統祭祀的特色

在第二次世界大戰以前，阿美族是屬於農耕為主，狩獵（對他們而言，下海捕魚也是一種狩獵）為副的種族，及至戰後，狩獵或漁撈已經不能配合現代生活之要求了，只剩農耕為他們最重要謀生之道。

然而其所處天然與地理條件，卻與西部漢民族農民所處的大不相同，因而他們從古代以來即一年以八個月計算之。每一種農作物，均以四個月為種植期間。例如：一年之中先種稻子四個月（約在舊曆三月初至六月底），再種花生四個月（約在舊曆七月初至十月底），剩下時間不容易種植五穀，便進入農閒期。修繕房屋或建蓋新屋，大多在此期間。

阿美族的播種子有兩次，一次是在舉行「播種祭」，象徵性地在自己田裡撒幾下，另外一次就是幾天後整個村子決定的日子，一齊施播，但這也並非全族人都同一天，有的村子選在月亮滿月時，有的村子卻認為剛剛過滿月後二、三天較佳。他們以星星為判斷的依據。對太陽的信仰，在其他種族的信仰中，均可看到，可是對於星星的信仰

卻在其他族中，很難尋獲。

阿美族對於祖靈之崇拜較其他種族為甚，例如：任何季節性的農耕儀禮，都不忘順便祭祀祖靈，甚至於有時候，祖靈亦視同神祇，向他們敬拜而祈求五穀豐收、狩獵能夠滿載而歸。在奇美社採取到的資料，是粟作不豐時或狩獵經常空手而歸，即認為家中已經沒有神靈的存在，是故必須祭祀祖靈，翌日即赴野外去狩獵。

阿美族農耕儀禮的展開，與他們固有的巫術，略具體系的神話均有著密切的關係，然而其宗教觀念的基礎係建立在卡華斯的觀念上。事實上阿美族擁有豐富的系譜性神話，這一點在台灣各種族之中，無出其右者。

除了上述季節性大祭典以外，阿美族尚有修繕祭、狩獵祭、成年祭、巫師祭、乞日祭、乞雨祭、驅蟲祭等臨時性多種宗教活動，無論那一項祭典，均有其獨特的禁忌課在每一個與它有關的人們身上，這些禁忌使該項祭典的神秘性大為增加。他們相信若果沒有辦法獲得神靈的特別恩寵，即使有優秀的農耕技術，亦無法期待豐收的結果，因此在農耕儀禮中出現許多為了要與神靈溝通並取悅於神靈的巫俗、禁忌（阿美語叫做「排新」Paisin)，竟成為祭典中重要的成份。雖然台灣的其他原住民族亦有類似的現象，可是卻無甚於此。例如任何祭典期間，男女決不可同房睡覺，是阿美族最起碼的禁忌，可知其一斑。

眾所周知，阿美族是母系社會的種族，除了婚姻或繼承財產均由女性掌握主權以外，連許多祭祀中的禁忌也濃厚地出現女尊男卑的觀念。例如：收割粟或稻子之後，要把它們納入穀倉時，男性不可碰觸到穀倉，理由是他們必定曾經吃過鰻魚，鰻魚全身粘粘的，不易抓住，同樣地若果由他們來拿粟也不可靠，因為粟等之穀物對阿美族而言，是如同財富那麼貴重。同樣地，女人若果吃過鰻魚者，也不可以接近穀倉。

阿美族的各種祭祀，在其結束後的第二天，其家中男子必須到海邊去捕魚，連喪家辦妥葬儀或「除服」日一到，即要到海邊去捕魚，顯然地他們把入海捕魚亦視為宗教儀式的一種；原來他們以這種「入水」儀式，來劃分「世俗」與「非世俗」的境界，也即是「俗」與「聖」的界線，這也可解釋做入水捕魚活動，也是祭祀中的一種儀

式，對他們而言，非常重要，具有特殊的意義。

　　尤為值得一提的特徵就是：阿美族自古以來，即寓教育意義在其農耕儀禮之中，因為在集體的祭祀當中，最方便於對年輕一輩作機會教育，其目標歸納起來有二：培養服從心及訓練耐性。

　　最後，筆者亦將記述一下外來宗教入侵阿美族部落的情況及其對族人的影響。

　　在清代中葉，阿美族人開始與漢人有所接觸，而到了清末也開始接觸到新統治者日本人的文化。日人的理蕃政策，比起清政府積極而更具有正面的意義，雖然其間有衝突或反抗，但從整個文化的歷史看來，還是利多於弊。嚴格地說，其真正開化的步伐，還是這個時候才起步的。

　　本來在台灣的九族之中，最早平地化的，首推阿美族，可是，在日治時期前後五十年之間，他們更頻繁地接觸到包括漢人與日本人的兩種外來文化，這當然也包括了外來的宗教思想與祭禮的形式。

　　在所謂「蕃童教育」（當時，大多以當地警察「分駐所」或「駐在所」之警員充當兼任教員）之下，他們的兒童視野拓寬了，想像的空間變大了，不久西式的月曆或日曆亦被他們採用而應用在日常生活上。季節性的祭禮也因此逐漸地走向定期化，生活亦多少獲得改善，新文明對他們的幫忙還是很大哩。

　　外來宗教入侵阿美族的跡象，除了前面曾經提及過的土地公信仰以外，扶乩、過火、爬登刀梯等漢民族的乩童的「特技」，也統統被阿美族的「西卡華賽」(sikawasai)倣效充當神祇的駕臨或本尊替身的最佳證明。少數人民也開始焚燒金紙銀紙，敬神拜祖。接著，在昭和十年代「皇民化運動」出現，象徵日本神道的最高神祇「大麻」，被安置在日式小神龕內而強迫人民去信奉。

　　原住民亦自不能例外，他們只好接受了，但僅僅數年而隨日本戰敗而廢。阿美族傳統的原始宗教，在戰後繼續受到漢人系宗教的入侵而更為動搖，信仰之心也開始減退了。

註解：

註一：古野清人著「高砂族之祭儀生活」(1975古亭書屋再版)
　　　P43~62
註二：從此以後，各地阿美族都有舉辦豐年祭，可是，從一九八〇年
　　　代起，已經逐漸地走下坡，到了一九九〇年代，每況愈下，令
　　　人嗟嘆不已。

8 鄒 族

TSOU

八、鄒族

(一)神靈觀

　　鄒族亦可寫成曹族，他們居住在玉山西南山麓，以阿里山一帶為主要分佈地，並跨及北鄰之南投縣信義鄉，西南隔有陳有蘭溪流域與南鄰高雄縣桃源鄉境內，與布農族雜居在荖農溪上游之兩岸；尚分為魯夫都群、伊母都群、圖富雅群、達邦群、卡那布群、沙魯阿群等。

　　鄒族的社會組織以父系氏族族群社會為基礎，諸多擴展之外社，皆以最先形成之大社為中心，共擁領袖氏族，構成完整的部落組織。

　　筆者曾多次翻山越嶺到過達邦、圖富、魯富都等部落。無論是那一個部落，一步跨入村子，映入眼簾的是那幾幢呈龜背狀的傳統古老住屋。這些奇特造型的住屋，大致上呈現長方形卻四角為半圓形，垂直的壁面卻很短矮，可是屋頂高聳而呈圓錐形，茅草即順著短脊的屋頂覆蓋下來，其外貌酷似母雞微展翅膀呵護小雞之狀。

　　鄒族的男人們，現在雖然仍有少數人固守著自己的山野農田，從事狩獵、農耕、漁撈的傳統生產方式，可是近三十年來不少人改種苿葉或發展水稻耕作，還有些青年男女下平地去謀生，傳統文化一再地起了蛻變的現象，其據地又處在較高的山岳地帶，所以調查其神靈觀或農耕儀禮及其他祭祀的文獻一向甚少。

　　依據筆者在上述三社所得資料來判斷：鄒族將神靈、死靈、精靈等之綜合觀念，用「希茲」(hitsu)一詞來表達。希茲存在我們的身外，不會發出聲音，也不能讓人看見。鄒族沒有其他種族那種「人有善靈與惡靈分別居住在人的兩肩」之說法。

　　只是鄒族所謂「希茲」不一定僅指善良神靈，他們把妖怪或毒蛇之靈魂也視為「希茲」，甚至於部落的守護神也用「希茲」一詞稱呼之。

　　他們敬奉神靈以食物，亦祈求它的保佑，這些與他族無甚差異，雖然也有少數不祭祀祖先的村子，但大致上每年一次收割新粟後即舉行祖靈祭。他們相信人有兩個靈魂，一個叫做「配比亞」(Piepiya)，僅在人的頭腦之中，當人死亡時即離開而赴死靈聚集的地方去。可是，另外一個靈魂叫做「黑軸」(hezo)，通常住在人的胸部至腹部之間，當人一經死亡，立即消滅，「配比亞」是生命之靈，人所以能夠看見夢，是「派比亞」往外遊走而看見者。

　　人所以會患病，就是由於「配比亞」要脫離身體所引起的，是故患病時要請巫師（「約伊保」yoifo或「羅伊保」loifo）前來舉行招魂

儀式，即可癒好。

鄒族最怕路上遇見動物（包括人）之糞便，他們相信糞便之中一定住著惡靈，會加害於人。人類的創造神「哈模」（Hamo，天神）就是創造人類靈魂的「希茲」，「新布努」(Sinbunu)為樹神、「巴埃·巴埃」(Vaebae)為稻神。「保遜希費」(Posonhifi)，是狩獵男神。土地神叫做「阿開馬美粵」(Ake-mameoi)，也是山神兼獵場之神，若果對他有所冒犯，他即派遣群蟲前來亂咬其全身。粟神叫做「巴埃多努」(Baetonu)，河神叫做「阿開鄒藉哈」(vAke-tsojeha)。

鄒族的禁忌亦很多，鄒語「培夏」(Peisia)一詞含著「禁忌」、「不吉祥」、「祭儀」等多種意義，他們有時也充當「神聖」或「高貴」的含意在使用。

關於鄒族的禁忌。在此列舉幾個實地調查所知的例子，以饗讀者：

在行走中若遇見人而打噴嚏為不吉利。

夜間聽見狗之長嘯，即為有人將會死亡之兆。

收割粟時，可以談話，卻不可大聲或放屁。

收割粟時嚴禁其他部落的人來訪，他們相信會帶來蟲害。

鄒族過去除了相信禁忌以外，也盛行鳥卜與夢占，先舉出其鳥卜的實例如下：

繡眼畫眉鳥（鄒語叫oazma）在右方靜悄悄地叫了兩聲「嘎—嘎—」則吉，但若急速地叫了「急，急；急！」則不吉利。又該鳥若在右方叫了兩聲「嘎—嘎—」後，繼而又在右方也叫出相同聲則為吉，表示可獲得獵物。若在戰爭時，該鳥僅在左方「急，急，急」叫出高聲，則表示戰事將有利於敵方。

又行走時在左右兩邊頻頻聽到該鳥「茲、茲、茲」叫聲，表示不久將遭遇到敵人。若果僅聽到左方傳來「茲、茲、久、久」叫聲，則表示不久敵人即將敗走；若僅聽到右方傳來「茲、茲、久、久」叫聲，則表示最初對我方有利，可是嗣後即將受到打擊而敗走之兆。

關於鄒族的夢占，通常都在出草（古時候）或狩獵之前夜，睡在集會所，以其夢境來判斷出發與否，後面僅舉出數則其「夢占」的例子（在達邦社所採）：

夢見日月出現為吉。夢見自己死亡為長壽之兆。夢見已故熟人則

視為不吉祥、夢見掉落河中為自己將受燙傷、夢見夫婦吵架將患疾病；夢見大風為地震之兆、夢見地震為大風之兆、夢見自己遇見美人為將獵獲動物之兆……等。

至於鄒族的創世神話，最早說法如何，仍然要參閱佐山融吉在大正二、三年(1913~4)間調查的報告書上記載：

太古時代有天神哈莫(Hamo)由天上降臨到玉山，在此創造人之後，其子孫繁榮而各奔東西，竟形成阿里山下鄒族各部落。

這是達邦社長老的說法，但知母勝社的說法卻另外一種版本云：太古時代有女神尼布斯(Nipus)降臨在玉山，創造了人類，而當時的人類幾乎都是長生不老，永久的長壽，萬一有人要死，只要請尼布斯施以神術，即可甦生，除非該人曾經受過尼布斯的施術五次，否則仍可活得非常好。可是，有一次尼布斯太大意，將一個第二次死亡的人放置在床上外出了，恰好一個叫做「蘇埃蘇哈」(Soesoha)的神來訪，看見其屍體而大為憐憫，在院子裡挖掘了一個地穴，將他埋葬了，然後在其墓前哭泣一場（據云：現今少部份鄒人仍將死者埋葬在家中地下，然後族人圍著哭泣一番的習俗係由此衍生）。不久尼布斯歸來，看到這個場面大為驚訝，可是，既然尼埃蘇哈已經哭泣過，即使再施神術亦無法見效，從此以後，其他人們亦必須第一次死時即成黃泉之客。

從這個記述可以確知日治初期，鄒族尚有人死後埋葬在屋內之習俗。不過值得留意的，是上述兩種不同地方採集到的神話，都在其「續篇」補上了「洪水說」云：

（前略）不久突然大洪水來襲，地上瞬間變成了大海，本來散居在四方八面的人們，趕緊逃到玉山上去避難。由於當時尚不知種植穀物，只知屠殺野生動物為食，某日有一青年殺一隻狗食之，又取下其頭部，用竹竿戳刺，插在地上取樂。眾人見之好玩，不久有人獵得一猴，殺之並將其頭如法泡製插於地上。眾人欣賞後，紛紛說如果以人頭充當，必更加有趣。適時有一頑童經過，他對村人常有惡作劇，於是將他殺死，並取其頭殼插於地。嗣後眾人正想著若果殺人之後一樣把他的首級割下來作玩耍之用必更有趣味。此時恰好洪水已退，各社人民又回到家鄉去，有些青年回到家鄉後，即將長久以來盤居於腦子裡的想法付之實現，於是久而久之，形成族人馘首之風（後略）。

在此神話中還說出其獵取外人首級習俗的由來，其思惟方式很天真，也很富於想像力。上述兩種版本的創世紀，均繼續此段故事後述及洪水退了以後族人散到各地經營部落的概況。筆者在一九七〇年與七一年在達邦社所採取到的，大致與這兩種版本（包括馘首由來説）相同，故不擬在此贅述。

不過，「重修台灣省通志」（同胄篇）刊有楊翎之撰文云：「哈穆天神來到大地後，用力搖撼楓樹，第一次樹葉落地後即成為人，是鄒族及Maja（當時住在嘉義平原的原住民）的祖先，第二次搖動茄苳樹，其葉落地而成人，即為漢人的祖先。」

這一個神話不但説明了鄒族的始祖，也順便提及嘉義地區的平埔族，甚至於漢人的始祖，這一點是台灣其他種族的神話中未曾出現的，也暗示鄒族古老的年代已經與漢人有非常頻繁的接觸。可惜這個故事未曾記錄其原始採集地點。「重修台灣省通志」上尚有更有趣味的洪水傳説：

「太古時有一條大鰻魚橫躺溪中，魚身壯大，溪水為之堵遏，氾濫成大海，人類祇有向玉山逃命。此時，有一巨蟹來到玉山，而水勢已漸接近玉山頂，大鰻的身高卻與玉山齊，一切生命將為之毀滅，巨蟹情急智生，用螯鉗抓鰻，巨鰻不動，繼而用力猛挾鰻臍，大鰻驚痛而轉身逃入海中，至此大地再現，人類相爭下山墾地，先種甘藷後種粟，乃漸恢復民食至今。」

這個故事要説是神話或傳説：不如説是民譚或童話來得更妥切些。這樣天真爛漫的童話，也是南島語系種族的文化特色之一，南洋各島高山族也豐富地擁有這一類出色的童話。不過，在本章的最後，筆者要附帶地一提的是：鄒族自古以來都視玉山為神聖而靈異的存在，所以所有創世神話都以玉山為天神降臨之聖地，不過，他們卻以塔山為冥府之所在地，他們相信人死後必魂歸塔山，無需後人祭祀之，這與具有濃厚的崇拜祖先思想的阿美族，迥然有異。

(二)農耕儀禮與頭骨祭

在前章「鄒族的神靈觀」之中，筆者已經列舉出鄒族信仰的諸神及其職掌，可知各神分化而獨立被信奉，但對它們的祭祀，幾乎都包

〈參考圖〉 鄒族傳統樂器演奏情況（簧琴、鼻笛、橫笛、弓琴。中島重太郎攝於1912年）

含於族人的農耕儀禮之中，不像漢民族有土地公生、天公生、媽祖生等單獨祭拜的儀節；而且在其祈求粟作的豐收儀禮中，往往將多種與粟作並無直接關係的儀節（例如：馘首祭、頭骨祭等）亦聯合舉行。

他們粟作儀禮與粟作之勞動過程，自然有其不可分離之密切關係，換言之：其農耕儀禮的進行，悉與粟作的程序相符合，兩者合成一個農業曆年，而其週期性循環即成為慣例性歲時祭儀。

從各種歷史資料來綜合判斷：達邦社之族人早在清代即與漢人接觸頻繁，是故粟作以外，稻作亦早已出現在鄒族部落裡。最好的證明就是他們除了「播粟祭」（miapo）以外，另有「播種祭」（meocayonobai），只是其祭儀較為簡單，祭期亦僅三日而已。不過本章所述之農耕儀禮係配合現況，仍以粟作有關之儀禮為主。

依照鄒族曆法，一年含十個月及若干不計數的月份。那麼，播粟種為一月，收割在七、八月，舉辦收穫祭（戰後被稱為豐年祭）在九月。收穫祭後至翌年一月間為休閒期。若是稻作，收穫祭在十月，嗣後進入休閒期（附註：鄒族曆法的一月，約在太陽曆的二、三月間，也即是桃花盛開季節）。

下面要介紹鄒族的農耕儀禮之前，必須先說明的就是：他們的祭儀均在特別開闢的一塊「祭田」（Pokaja）上舉行。這可說是鄒族的特殊習俗之一。「祭田」與一般耕地之「田」地不同，他們深信粟神或田神會蒞臨這一塊神聖田地，任何耕作儀禮都必須在此「神田」上舉行，也可以說在「祭田」中的耕作，是一種象徵性的表演，也是整個部落儀節的一部分，這種耕作要較村民各人實際耕作早一日舉行。

1.整地祭

在清代至日治時代，鄒族從事燒田耕作，鄒族稱「燒田」為「波

米約」(pomijo)，經過燒田之後土地才能肥沃。在燒田之後的土地上，以四、五尺平方面積劃為祭田，斬草整地一番，然後採取新茅五枝，插在地上，將自家釀造粟酒灑於根部，並祈禱粟作能順利進行。當夜回家作夢占，若夢得吉兆，翌日即赴舊田刈除收割時留下之殘株，完成整地工作。若夢見惡兆，即放棄該地，再找一塊祭田預定地作同樣的儀禮。

2.播粟祭

由於現代化的平地生活方式，在這二十年之間入侵了山間的鄒族部落，所以如今舉行播粟祭的村子已經不多見了，然而筆者在一九七〇年代往訪達邦社或特富野社時，仍曾遇見過，所以以當時所見所聞記述於此。

播粟工作通常在整地祭後第三個月左右，也就是桃花盛開季節舉行。在祭儀前日必須由家中男子往河中捕魚歸來，在翌日攜往祭田，當祭田上播粟完畢後，即食用煮好帶去的魚，然後將魚之骨骸用茅葉夾住，插植在祭田隅，作為標誌而返。翌日即往自己田地作實際的播種，通常第一天即將播粟工作做完。

第三天，男性老幼都要上山打獵去，在外露宿住兩夜（此儀叫做miokai）。在他們歸途上，妻子等婦女們會攜帶酒與粟製粿糕款待他們食用。回家後連續兩日為放假飲酒的優閒日子，特別叫做〞soema-miapo〞，意為播粟祭之飲酒。這兩天是鄒族最愉快的日子，大人們盪鞦韆以求今年之豐收，也玩陀螺，作為占卜狩獵吉凶的資訊。他們相信日後若依照陀螺倒下時的頭部方向去狩獵（以前則包括出草），必可滿載而歸，若是朝向西方，則為此年有大雨之災。如此占卜五次陀螺即交予孩子們玩耍。對我們而言，僅是單純的遊戲，對於鄒族而言，仍具有神秘的咒術性效用，是值得注目的。還有一點就是在排灣族群僅有未婚小姐才能盪鞦韆，鄒族卻只有男子可玩，這一點也令人費解。

若果是稻作的播種祭，大致與粟作相同，但祭典期間(前後四日)不可食用魚類，所以自然就沒有捕魚或將其骨骸挾在茅葉間而植立於土地上之舉。

3.除草祭

祭田上播種的粟出芽時，雜草也開始成長，於是利用適當的一

日，由家長率主婦至祭田拔取雜草些許，然後向粟神唸禱詞云：「粟呀，快伸長！快伸長！」禱畢即返。翌日大家開始在家田上展開除草工作，大約一天即可完畢。

4. 拔摘祭

通常在鄒族曆法的四月間，選定一日作拔摘祭，因為此時粟已成長到良莠易辨的地步。凌晨由家長與主婦攜豬耳前往祭田，拔摘掉發育較差之粟苗，以期粟株之間有適當間隔，拔摘工作完畢後，將攜來之豬耳碰觸粟葉，並口中唸出禱詞云：「望粟乎，快點兒伸長，余將此耳贈予汝」。

又，此時也是藜出穗之期，摘取其葉二、三片放入籔中，與籔中所放的豬肉並置在一起，此祭儀稱為「Kana-koara」，是一種禳被儀式。由於稗為最早期原住民族之農作物，這種農耕文化已屬於過去式的，如今祇能依付於粟作農耕儀禮中而保持其餘命罷了。

5. 驅鳥蟲祭

當粟長大而粟穗開始下垂之際，各家自己決定要舉行驅鳥逐蟲的儀式。此日凌晨，主人與主婦攜驅鳥響板赴祭田，豎立於田中，並向此板唸禱詞云：「請勿使鳥蟲侵進來！」，其實其祭典的目的，不但要祈求不受鳥蟲之害，也包括山豬等野獸之害。戰前，據日人古野清人的調查，以往此日在祭田上要設一木架（代表保護之意）並有隆重的儀式（鄒族稱busufev)，但他往訪時已不能看到了。不過，此日家人不可食魚、鹽及醃肉。鄒族過去一直將食魚及醃肉等有鹽份之物視為禁忌之一，實在令人百思不解。

6. 收割祭

族人所耕作的粟田全面出現黃色，即表示可以收割了。由頭目出面邀約村內男子，於某日夜晚集合於集會所（附圖45），開會決定收割的日子，日子一經決定，各家均開始釀酒，並清理祭屋，但僅限男性進入。收割祭前天，氏族中之領袖就是司祭者必須夜宿祭屋，清晨即前往氏族的祭田，首先將祭田上外側的兩根茅草解開，表示開門並請到了粟神的光臨，然後開始象徵性地收割幾束粟穗，接著唸禱詞歡迎粟神。最後把移開之兩根茅草草莖放回原地，表示關閉了祭田之門，然後回到祭屋去。

祭屋裡最重要的設施是一個用茅草莖或箭竹、山藤編製的方形箱

(ketbu)，是粟作儀禮中最神聖的存在，因為族人都相信粟神來臨之後必定居住於此箱之中，祭屋除了舉行祭儀之外，平常都關門保持安靜，因為即使各種祭祀辦完之後，尚有一粟神會留下來居住其中。由於他們相信粟神厭惡吵雜之聲，所以一經進入祭屋，任何人都不得有喧嘩之聲。

再說司祭從祭田初收割數束粟穗，帶回祭屋供奉粟神，並以「茅草束結」（鄒族話vomi）作為祝神之器物。司祭再向粟神居住的ketbu禱告，收割祭即告完畢。翌日起，其同一祭團的成員（大多為同一氏族）各自開始收割。由於各家時期不一，全員收割完畢約費一個月左右，收穫之粟穗，暫放置田上，使其天然曬乾。

7.收割結束祭

鄒族在收割祭過後等到全體成員真正收割完畢，而且田地上粟穀日曬已乾，並收入穀倉之中，還有「收割結束祭」儀禮，如果是日治時期，則需費日五天以上。在一九七〇年代我往訪時，已經簡化為一天了。這個大日子係由全社的頭目與長老們開會決定的。當天各祭團之領袖們集合在頭目家祭屋裡，以新粟製造的糕（糯糬）、粟酒、豬肉與松鼠肉等供品祝神，接著其成員們亦入內行禮如儀，並在祭屋內共進早餐，象徵神祇嘗新，全體成員亦嘗新，並表示此時粟神已經離去。

此日由於各祭團（大多以氏族為單位）均舉辦相同儀禮，是故變成全社性的大祭祀，白晝也成為各氏族聯誼的良機。過去的話，當夜集合在頭目家舉行長老會議，最重要的便是商量何日「出草」，但此舉在日治時代以前即已廢止（鄒族較早），僅有極少數老人有所傳聞而已。至於出草歸來後的馘首祭雖未曾有任何文獻記載可資參閱，但上述泰雅族馘首祭的經過，應該是各族的共同模式（雅美族除外，因為他們無馘首之俗）。

從一九九〇年代初，鄒族也不甘落後，恢復了馘首祭(mayasvi)的儀禮，卻把它改稱為「戰祭」、「凱旋祭」、「集會所修建祭」等，甚至於外人還把它定位為一年一度「鄒族的歡樂活動」或「豐年祭」。其實，台灣原住民族的馘首祭，均具有濃厚的宗教意義，而且過去亦並非一年一度，是有出草而有馘首才有的，可是，廢棄了馘首習俗已經一、二百年以上的現在，鄒族反而每年舉辦一次，是很奇怪

的事，若用收穫祭(homeyaya)名義舉行尚可符合一點道理。

在此筆者還要介紹一下鄒族特有的「頭骨祭」(mehang)，這種祭祀是其他種族所沒有的。所謂頭骨祭便是以過去獵取而來的（首級）頭骨為偶像祭祀的儀式。依據大正初年（一九一○年代）楠仔腳萬社警察駐在所「須知簿」(註一)上之記述，當時雖無「馘首祭」，卻有「頭骨祭」，通常在收割祭完畢後繼續舉辦。

祭典之前夕，無論老幼凡男子都要住宿在集會所，翌晨太陽尚未露臉，即在頭目率領之下，前往部落的入口處，站在一棵赤榕樹下面，頭目將隨身攜帶的裝酒竹筒拿出，手指伸入筒中沾些酒液後，彈撥在每個人的頭上，如此做法大家相信，整年可以無病息災。完畢後即返回家裡吃早餐。餐後所有成年男女都要前往參加整修村中重要道路的工作，約半日即告完畢。

下午所有村民都集合在集會所前面空地圍成圓陣，中央放置一隻小豬，首先由頭目執刀刺之，眾男子亦緊接著每人一刺。宰殺之後即當場處理而將豬肉切成小塊，用竹枝貫串，各插在集會所前一棵赤榕樹下及往昔保存至今的首級籠（附圖46，籐編器）前面，另外一串插在集會所前面地上，供奉給軍神，所剩餘豬肉當場煮熟，先由老人們享用，再給予其他眾人。

社內每戶捐獻出來的酒，倒入集會所內中央的酒甕之中，壯丁們邊取酒飲之，邊繞著酒甕外側，並從爐中取出火薪，互相叩打，並唸禱詞云：「下次出草時，一定要讓我方獲得大勝」。每戶送來之粟製糍糰，豬肉或鹿肉等，先分一部分給頭目表示敬意，所剩餘的即供在場眾人享用。等到酒足飯飽之後，大家便到外面空地上跳舞慶祝及至深夜。

距今八十多年前的日人記述，證明當時雖然因廢止出草而無馘首祭之舉辦，卻有祭拜往昔留下的頭骨之儀禮，而且在其儀式之中，那些頭骨與軍神一樣被奉為祭祀的偶像，這是最值得注目的。顯然他們把獵取回來的首級神格化了。還有一點可以讓我們思考的，是鄒族早已廢棄出草馘首之習，何必還在頭骨祭中唸禱詞云：「下次出草時，一定要讓我方獲得大勝」？筆者認為鄒族的頭骨祭，正是由於出草歸來後的馘首祭自然消失之後，族人以頭骨祭來取代，聊勝於無。所唸的禱詞仍舊是傳統馘首祭所用的（每年照唸無誤），也就不足為怪

附圖46 鄒族達邦社集會所之頭骨簍（森丑之助攝於1909年）

了。

　　鄒族的出草凱旋歸來的馘首祭，配合著時空的演變，在日治時代以頭骨祭的祭祀形式保留了些許的傳統宗教的氣息；到了第二次大戰前後，曾經消聲匿跡過一段時期；可是，自從一九七〇年代起，各族群意識高昂，即以「豐年祭」的姿態加以重現，可是在精神上卻演變成為「戰神祭」及農耕儀禮，甚至於祈求「族泰民安」的綜合祭祀了。時代潮流的力量誠可怕，人類善變的本能亦令人佩服。

註解：

註一：日治時代初期，各地警察單位均設有「須知簿」記載每日遇見之特殊習俗或案件，以供後續人員了解之用。可知為「備忘錄」一類記載。

雅美族船祭

9 雅美族

YAMI

九、雅美族

（一）上帝可愛的子民

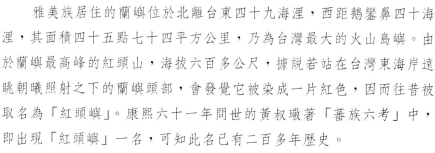

附圖48 雅美族人所帶之任何武
器，都是用來趕魔鬼
（1970）

雅美族居住的蘭嶼位於北離台東四十九海浬，西距鵝鑾鼻四十海浬，其面積四十五點七十四平方公里，乃為台灣最大的火山島嶼。由於蘭嶼最高峰的紅頭山，海拔六百多公尺，據說若站在台灣東海岸遠眺朝曦照射之下的蘭嶼頭部，會發覺它被染成一片紅色，因而往昔被取名為「紅頭嶼」。康熙六十一年問世的黃叔璥著「蕃族六考」中，即出現「紅頭嶼」一名，可知此名已有二百多年歷史。

日治時代蘭嶼屬於台東廳管轄區，派有專人治理山地行政，並禁止外人移居或前往遊覽，致使仍然保持與外界隔絕而停留在半原始的生活狀態，可是卻因此最濃厚地保持著其原始文化的特色；甚至於被中外人士公認為二十世紀中至為罕見的世外桃源。一九四六年六月一日成立蘭嶼鄉公所，開始實施自治行政，紅頭嶼竟改名為蘭嶼。原住民主要分居在紅頭、漁人、椰油、野銀、東清、朗島等六個部落。

以一九七○年為中心前後五年之內為伊始，筆者曾經三次前往蘭嶼調查，當時島上不見觀光客，住民尚有少數人使用石器砍伐木柴或做其他木工。家屋內整天起火（保存火種）薰得黑黑的，在廚房裡看到的都是他們自己燒製的素燒陶壺與陶碗。首次去時看到走在路上的男士們都頭戴盔帽，身穿護身甲、手執標槍；最初誤以為他們將趕往某處表演什麼，後來始知他們離開家門時必須如此「全副武裝」，相信有避邪效用（附圖47·48），連男小孩出門亦需要佩帶一把小刀避邪（附圖49）。

第一次往訪蘭嶼時，即很快地愛上了這個南海的孤島；其間我曾經與助手們徒步繞了一周環島公路，也在借住的鄉公所招待所結識了一些原住民，即深刻地感覺到雅美族的人文生態本是自然景觀的一部份，也就是說：雅美族正是整個蘭嶼生態體系的一部份，在台灣地區雖然有許多族群居住著，可是唯一不破壞自然環境者就是雅美族。

他們擅長刻木為舟；年輕的雅美人通常都要上山選擇尚未成長的樹木，然後與山上的樹一齊成長，那些樹木將是他們造船的材料。他們只捕海魚，卻懂得不使魚類枯竭。據說他們捕魚種類可達三百種，然而最喜捕每年三月到六月隨黑潮而來的迴游性魚─飛魚。我初訪時，他們每十人成一組出海，捕獲飛魚歸來後，每人分得數條，多餘的當場放回海裡，不會趕盡殺絕。

　　他們闢山種芋，卻不主張燒山耕作，他們上山採擷薴蔴，織成丁
字褲與蓑衣；他們設計了非常特殊的坑下式房屋，僅有涼亭在地面
上，是為適應當地高溫潮濕以及颱風特多的自然環境。颱風過後房屋
安然無恙，即使涼亭被吹走了，再找回來重搭，輕而易舉，本來就設
計得很簡陋，即使被吹毀亦不可惜。這些就是雅美族人智慧的表現。

　　由於一九七○年初赴蘭嶼時尚無旅館的設施，我與助手們不但借
住鄉公所之招待所，連三餐也麻煩了鄉長秘書管先生，他一九四六年
鄉公所成立時即由縣政府派遣前往協助當地選出的鄉長，料理實際上
的公務，連太太也是娶了雅美族小姐，二十多年來（以當年筆者往訪
蘭嶼時算起），對於整個蘭嶼的人文地理瞭如指掌，本來不懂日語的
他，反而在生活當中自然而然地從雅美族學會了日語，所以說他是半
個雅美人一點兒不為過。

　　雅美族是台灣原住民中唯一沒有馘首習俗的種族，其愛護和平，
愛人亦愛物的天性，堪稱「上帝最可愛的子民」。在我往訪蘭嶼的一
九七○年代，島上尚未曾發生過殺人：日治時代如此，戰後亦後如
此。「那麼吵架或打架該有吧？」對於我這個發問，管秘書告訴我一
個幾年前親眼看過的往事：

　　當天他發現椰油村的村民們忙著搜集大約卵石大小的石頭，然後
堆積在與朗島村交界的空地上。遙看朗島村那一邊的村民也一樣，大
家忙著搬運石頭。管秘書不知這是什麼意思，只覺得村子裡好像瀰漫
著一種不尋常的氣氛，可是搬運石頭也算不了什麼違規行為，只是內
心很納悶而已。

　　當夜十二時左右，突然聽到屋外傳來一些村民急迫走路聲音及騷

動聲響，奔外察看，始發現兩村的村民，隔著村界空地，兩陣對峙，陣頭前方各站立一人為代表，雙手各持石頭，一聲「開始」的號令之下，對準著數十公尺對方投擲過去，一顆接著一顆。其他村民在其背後，忙著傳遞石頭往前輸送，供其代表繼續投擲。最後椰油村的石頭投中了野銀村陣內一員，立即「停戰」之聲四起，雙方代表互相談了一陣子，雙方言和，各回自己村子，蘭嶼島又恢復了原來的平靜。

最初，管秘書誤以為是一場投擲石頭比賽，後來始問清楚原由：不久前，朗島村某村民放牧的一隻山羊不見了，失主懷疑被椰油村民所藏匿，雙方爭執不下，只好取決於投擲石子的傳統裁判法。說來，並不符合於文明人所謂公平合理，可是，解決不了的懸案，總不能永遠讓它繼續懸存下來，僅僅一個卵大石子打中對方，即可解決雙方村子面子之爭，何樂而不為。

這該是新石器時代初民的生活方式之餘韻吧。

有一次管秘書還告訴我另外一件事情。他說雅美族人天性最弱的就是算術，簡單的加減法尚可，可是對乘除法卻甚感辣手。他多次看過在碼頭上輪船一到，一些男士們自告奮勇地登船去搬運貨物下來。工作完畢後，船主均贈以火柴（當時鹽與火柴是雅美族兩大貴重品）。由於是整包整包地贈送，卻害苦了他們，不知如何解決。除法本來就難了，有時整數除了人頭數後仍有剩餘幾盒，就更為難他們了，於是，他們一開始就乾脆把整包解開，然後每一盒火柴統統倒出來，大家圍坐著，從每人一根火柴開始分發，直到每一根火柴發完為止。對於文明人而言，或許會以為如此太笨拙，可是沒有使用過錢的經驗，而且在只通行「以物易物」的社會裡，還有比這個更公平更正確的計算法嗎？（註一）人類開化了之後，發明了貨幣（金錢），不是個個成為金錢的奴隸，甚至於區區為幾百元或幾千元而患下殺人案件的比比皆是嗎？

管秘書所說的是一九五〇至六〇年代之事，我前往時火柴的贈物剛剛改換為現金酬謝之際，但據說有些人倒喜歡獲得贈物，不一定愛金錢。不過，聽了管秘書的一場話，我始瞭解到每隔二、三天或四、五天，即有幾個男士會集在我投宿的招待所窗外屋簷下。他們無所事事，有時一等二、三個鐘頭才離去。原來他們就是等待貨船由台東開

附圖47　雅美族男士出家門，必須全副武裝，以期避邪（1970年於椰油村山路）

來，屆時要上船去幫忙搬運貨物，可賺些外快的；碼頭就在距離招待所不到百公尺地方。雖然貨船並非定期運駛，但他們僅僅看天氣即可以準確地判斷貨船會不會進港口。使我印象最深刻的，是他們站在窗外觀看我在室內整理一些調查資料，已經習以為常，我並不在意，可是，有一次忽然發覺到他們並不是在注意我的動作，而幾個人的視線均不約而同地投射在我桌子上煙灰缸。我思考了許久，終於想通了：原來他們盼望我能把抽剩下的煙蒂給他們，讓他們也享用幾口。明白了他們的意思後，我把香煙整包送他們去分享，也建立了友誼。嗣後雖然互相混熟了，他們也絕不會利用我不在時，從窗口伸手來拿走任何東西（包括香煙），我親自體驗而相信管秘書告訴我說的另外一句話：島上未曾發生過盜竊案件。

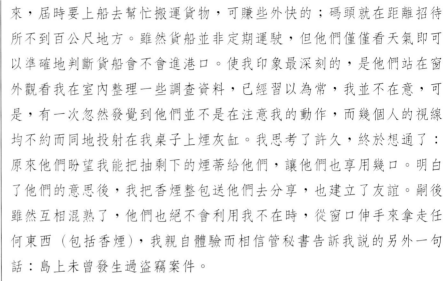

〈參考圖〉 雅美族兒童玩偶（素燒陶）

一九七○～七五年間，我在蘭嶼從事調查工作的時候，正是政府當局透過駐警單位要勸導雅美人穿上衣服及褲子的時代。當時當局認為人必須穿衣服與褲子，才算符合於文明，其實這種想法是很值得商榷的。實際上以雅美人而言，沒有一個人是不穿褲子的，問題是你對褲子的定義如何下的？用穿不穿衣服與褲子來決定文明與否，本身就是相當可笑的。

再說雅美人飲食特色：他們的主食是芋頭與魚，魚則是他們攝取蛋白質主要來源。既然魚在他們吃的文化中扮演著重要角色，自然有其特殊的習慣與禁忌。例如他們把魚分為男人可吃的魚、女人可吃的魚與男女皆可吃的魚三種，這三種魚類料理時不可混淆，所以烹煮與食用時，分別要使用不同的鍋器與餐具，換言之，雅美人家裡平常必定要準備好三套煮鍋與餐器。而這些容器幾乎都是他們自己燒製而成的，包括給小孩子的玩具（人偶─叫做totau）。

與我們不同的這些生活方式，正是他們長期居住在特殊的自然環境下，為生存與適應而產生出來的文化特質。

之後在謝東閔先生擔任省主席的時代裡，也曾經發生了省府撥專款為雅美族建蓋鋼筋水泥國民住宅免費供應，最初卻有不受歡迎的事情發生。政府的動機雖然仁慈，問題卻發生在這種結構對他們而言是非常不合用的問題上。政府對他們的施政，應該建築在瞭解他們文化背景與生活需求上，這樣才稱得上德政。

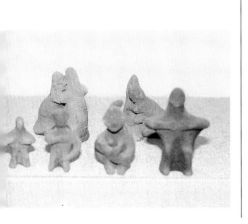

在興建水泥民宅風波差不多相同時候，大批大批的煙酒運進蘭嶼，接著收購羅漢松與蘭花的商人及觀光旅客，也一批接著一批踴進去，不久不但偷竊案發生，連命案亦有所聞。到了一九八○年代核子廢料的問題也發生了。南海的孤島。為世人所遺忘的樂園—蘭嶼的將來命運實在不可預卜。雅美族的生活往前邁開了一大步，卻似乎沒有帶給他們太多的幸福與快樂。

上帝最可愛的子民們啊，究竟是你們被上帝所遺棄呢？或你們遺棄了上帝呢？

（二）最原始的鬼靈世界

蘭嶼擁有海拔一五○○英尺以上的山很多，其中最高的紅頭山海拔一八○○英尺，從地質學上來說，其海岸與峻山都很接近，到處形成海蝕崖，所以蘭嶼的海岸線特別被稱為「隆起海岸」，頗具特色，而且海岸線屈曲較少，每年九月至翌年的三月，長達六個月之間，吹颳著強烈的季節風，海上運輸或航空交通都不得不停駛，使蘭嶼陷入名符其實的孤立狀態。

在這樣特殊的地理環境之下，蘭嶼一直未曾受到其他種族的侵略，在其內部也毫無發生戰鬥的原因，沒有戰爭沒有鬥爭的和平民族，自然不必有人來領導，於是每一個人都平等，其他種族普遍有的領導人頭目制或領導階級長老制，一直未曾出現在蘭嶼。過去島上未曾發生群毆或殺人，原因也就在此。

人口一直很自然地保持在兩千人左右的島上生活，雖然談不上富裕，卻也大致可以稱得上豐衣足食，在我往訪的一九七○年左右，新石器時代的生活餘息，仍然處處可見，給人的感覺就是樸實、和藹、安寧。

若果談到神靈觀念，我可以斷言他們並沒有其他種族所謂對神祇的信仰。可是，他們有一種非常茫然的；卻勉強可以說「接近神」的概念。他們相信天上有鬼靈經常在監視人間社會，若果有人做壞事必受其懲罰。例如有人在打漁時落海溺死或上山工作墮落溪谿死亡…等，就被視為他們曾經偷竊過別人東西或幹過其他不為別人所知的壞

事。也許要把這種想法說是一種信仰，不如說是一種道德觀來得妥當些。

換言之，雅美族的腦子裡，看不出有稱得上原始宗教的明確跡象，也可以說雅美族僅有的是一種鬼靈信仰而已。他們一向相信人一經死亡，其靈魂即變成「阿尼斗」(anito)而離開軀體；它們是我們的肉眼看不到的存在，可是卻不斷地會加害於我們的可怕存在，因此他們在日常生活中要想盡辦法把它們趕走，或預防它們前來干擾。我第一次赴蘭嶼就撞見了他們全副武裝在走路，便是由於相同的理由。

在日治時代前半期，曾經多次前往蘭嶼調查過的日本學者鹿野忠雄，在一九二八年撰寫的原稿「紅頭嶼雅美族的人類學概觀」第八至十二頁（現藏於東京大學大學院文化人類學研究室），曾經多次談及一句雅美族話「anito no kanabakan no gaguit」的概念。這句話筆者把它意譯成：「住在天上中央而不為我們所看見的阿尼斗」。本來阿尼斗是鬼靈，可是用在這句話中，則顯然地多少把它升格而略帶有神靈的意思才對。

在雅美族的社會及個人生活上所以能夠保持秩序與安寧，實由於他們相信「天上的阿尼斗」，不住地在監視下界的他們言動。筆者所以並沒有像鹿野忠雄在其未發表的上記初稿中將「天上中央的阿尼斗」明白地說成「天上中央的神」，因為在我較鹿野忠雄遲了將近四十年左右前往調查時，他們還仍然相信走在山間發出聲響出現的「回音」，就是阿尼斗發出的模倣聲、壁虎的叫聲也被視為阿尼斗的聲音，在墓地附近飛翔的一種蝴蝶，也被視為阿尼斗的變身。這些都在在地說明了凡不明不白的物象都把它們視為阿尼斗的所為或所發的聲音，而他們對阿尼斗仍是畏懼之至，既不是畏敬，更不是崇拜，連說成「信仰」都尚嫌勉強的程度。

在此筆者也想順便談談雅美族對於死者的傳統處理方式及對其七魂畏懼的程度，因為這些事實也大可以讓我們去瞭解他們對阿尼斗的看法。

雅美族由於對死亡強烈的恐怖，無論何人一經死亡，即使生前如何親密關係，也不願意靠近遺骸。祇有至親關係的人（通常為男性成人）出面，由他一個人用麻布包紮遺骸，並以麻線捆紮，其他人則走

〈參考圖〉　雅美族婦人傳統首飾，早已被現代塑膠品取代（1970）

到屋外，宣佈某人遺骸已經捆紮完畢，顯然是對鄰居們的敬告，以免他們被即將運往墓地的遺骸沖犯而得病或遭受災害。

主持處理遺體工作的男人，立即身穿護身甲(karokali)，頭戴藤帽(shakopp)，手執標槍(chinarorot)，以全副武裝的姿態，揹起剛才捆好的遺體，往埋葬地出發。在這之前，遺族或其親朋好友，早已採折約一尺左右長之竹枝（或樹枝），放置在其將要行經的路旁兩側，一支接著一支連結，從其家門到村口排列著。意思就是當運搬遺體的人經過此路時，遺體上難免尚留存的阿尼斗，也能夠一路直往埋葬地，千萬不要中途逃脫（或迷路）而徘徊在村中。

六個村落均有其自然形成的屍體的埋葬地，大多為林投等樹繁茂的隱密地帶。運屍者在林中找到一個空地後，即採用就地取材之樹枝及石片，挖成墓穴，將屍體埋葬其中。可能是由於工具太粗陋，通常都是淺埋。

當埋葬完畢後，運屍者必須立即尋找附近的海或河流，跳進去洗洗身子，並洗滌全身的裝配品，此時口中還要唸唸咒語，表示：「從此以後阿尼斗不會跟隨回家，永留在墓地」。他們相信此舉具有禳祓的作用，這大約與漢民族出殯歸來後要「過火」的儀式相同。可是，當運屍者回家後，他們尚不能放心，其遺族的男士們還要全副武裝，在喪家四周，用標槍做出刺擊的動作，表示最後一次趕走鬼魂阿尼斗。這個咒術性儀式，雅美話叫做「mamuruwau」。這樣才算整個出葬儀式告畢。嗣後，他們再也不會到墓地去，連提到死者的名字都深感害怕。

以上所述為筆者所調查得知的雅美族對於遺體處理的方式，這個過程與鹿野忠雄的調查報告對照，雖則大致相同，可是筆者記述中卻多了「採折約一尺左右長之竹枝放置在其（運屍）將要行經的路傍兩側……」一段。照常理說來，時代愈往後推移習俗會愈簡化才對，怎麼反而我調查的結果多此一舉呢？這可能是調查村落的不同引起的差異。不知鹿野氏調查那一部落，筆者調查的是椰油村的情況，在此附註一下。

那麼，若果將年代再往上推移，看看更早時代雅美族是不是也是這樣埋葬屍體呢？清代對於雅美族的生活未曾做過任何調查或記載，

不過日治時期日本學者卻留下了一些珍貴的發掘報告，茲簡介如下。一九三五年夏天，鹿野忠雄在現地發掘到一個素燒大甕（高約60公分徑約60公分），因為體積不大，他判斷是裝骨頭所用的。依據鹿野氏的調查，當地某一耆老說他們過去有甕棺埋葬的習俗，大約已經廢止了有十幾世代了。（註二）然而我對這一點抱著不同看法：所謂耆老之言不可靠，因為雅美族對於死亡者害怕的程度，沒有其他種族可以與其比擬，他們不可能有「拾骨」再裝甕習俗，該推測雅美族之前另有別族居住過，始符合情理。這是一個頗值得學術界朋友追究再探討的問題。

一九四七年六月間，國分直一、金關丈夫與蔡滋理三氏，曾經在距離椰油村約一公里地方的一個名叫「伊顏」的岩石絕壁處，發現在一塊面積不大的空地上堆積著許多古老的骨骸。這個場所的位置非常險惡，除了古老骨骸以外，也發現到一個較新的骨骸，係用麻布包紮然後放入非常簡陋的木板棺中。國分氏判斷蘭嶼過去存在著「曝葬」(exposure burial)的習俗；同時他也在椰油村從耆老口中獲得證實（註三）。

看到國分氏發現蘭嶼有曝屍的埋葬方式報告，我立即想起古時候，印尼邊疆地區也有這種習俗。一九七一年一月間我曾經在峇里島調查時意外地獲知巴杜湖(D.Batur)旁邊的G.Abang 山的山麓過去曾經是他們的曝屍場，最初我聯想到西藏的天葬，以為必定與信仰有關，然經過一番訪問調查後所得到的結論卻是：那一帶屬於山岳地區，住民們都非常貧窮，沒有錢像其他峇里島人採用火葬，只能遺棄在野外，久而久之，竟變成了曝屍（過去也有將屍體拋進海中）的奇異風俗。所以，我認為任何一種風俗的形成，其客觀條件該是最主要的因素（註四），雅美族過去有過曝葬之習，亦不外於這種情況之下產生的。得知這個訊息後我曾經尋找很多舊文獻，結果發現噶瑪蘭族在三百多年前亦有曝葬的風俗（詳情見後述）。

可是，國分直一氏在其調查報告的結尾還加了一句附註云：「伊顏的岩盤曝葬起源於印尼，不過台灣島上尚未發現岩台曝葬或洞穴曝葬的實據」。他的此說應該是正確的，可惜他並沒有談及曝葬起源。一九八九年八月我前往斯拉威西(Celebes 或Sulawesi)島調查Toraja族

的喪俗時，連日多處目睹到崖壁洞穴內曝葬的情況（其中有數處直接走入洞中考察），嗣後連續幾夜都夢見洞穴內滿地的骨骸，至今記憶猶新。不過，依據我所知，人類最早的曝葬習俗，首推四川省珙縣南麻塘壩一帶，崖壁上尚保存有戰國時代「僰侯國」的「懸棺」(cave-exposure burial)，其中尚含明代棺（俗稱「僰人懸棺」），這也該是在東亞地區「洞穴曝葬(caue-exposure burial)」的始源。

（三）漁團組織與船祭

很少人知道蘭嶼附近海底，有多采多姿的熱帶魚及碧綠的珊瑚，這些海洋奇景，也只有雅美人及少數真正瞭解當地景觀的人才能意會言傳。蘭嶼雖然沒有像夏威夷那種沖天的大浪，可是每一個小孩子，無論是男的或女的，從四、五歲的時候，都能夠在海水中悠游自在。無懼於波濤，因為雅美人是道地的海洋民族，他們真正懂得享受海洋帶來的快樂。

筆者一直相信迄今在七十多年的人生中，未曾看過比雅美族的更美麗的木舟。許多人都把雅美族的船，說成獨木舟，其實那不是獨木舟，而是利用數十塊木板拼裝而成的漁舟，他們古代以來就一直未曾使用釘子，僅利用木榫與木釘連接成舟的技術，並不亞於文明世界的任何木造船。我曾經看過外國學者有人將它拿來與新幾乃亞原始種族的木舟相提並論，可是，我仍然認為雅美族的木舟一枝獨秀，無其他木造船隻可以與它媲美（附圖49）。

雅美族木造漁舟的線條之優美、對稱的平衡感、船身上粗獷的雕飾、黑白紅三色在對比中尚能產生的美感……等，無不讓看到它的人們都嘆為觀止。不僅僅是外觀上的美麗，實際上在洶湧的波濤之間，能夠維持平穩，海水不易入侵，即使遭受大浪衝擊而翻船，也僅僅橫倒不致於覆翻，可見整個漁舟的造形及其功用，完全符合於現代人所謂「機能主義設計原理」(Functional design)，看到這樣美妙的漁舟，有什麼人敢否認雅美族的文明程度？

雅美人的生活自古以來即與海洋互相結合在一齊，若果沒有海洋那裡有雅美人呢？因此雅美人對其漁舟的愛護是優於一切的。不過也

附圖49 蘭嶼的象徵─美麗的拚木漁舟（1975）

因此對於其漁舟產生了獨特而傳統的祭儀文化，這是在世界上其他任何地方都無法尋找到的。

要瞭解雅美族的祭儀文化，必須先瞭解他們使用的漁舟。雅美族的木舟統統把它們說成漁舟，一點兒不為過，因為無論是大型的或小型的，除了充當打漁之用以外，未曾做為運輸其他貨物之用（蘭嶼是孤島，不是群島）。漁舟分為大型與小型兩大類，前者包括十人用、八人用、六人用三種，後者包括一人用、二人用、三人用三種。大型的使用二十七塊剡木板，小型的二十一塊拼成，板與板之間用桑木釘連接，縫隙採用樹根剝成棉花狀物填塞，以防透水。他們配合季節駕使不同的漁舟，從事漁撈工作。五月至六月間使用小型舟（雅美語叫tatara），以河蝦為釣餌，從事近海海釣。

大型舟(chinurikuran)是在三月至六月間，利用夜晚划到海洋中，舉起火炬，以火光引誘飛魚靠近過來，即各持掬網(banaka)把它們撈上。據說一夜之間可以捕獲數百尾為常有的現象。

這種依靠火炬的捕魚法，雅美語叫做蘇莫奧(somoo)，在他們的生活上具有非常重大的意義，也因此通常以每一艘大型漁舟為中心，以十個家族（也有八人舟或六人舟，極少）形成一個漁業集團，每家派出一人參加造船工作及出海捕魚，然後所漁獲物亦平均分配，所以這十家結成的小集團，實質上與台灣島上的鄒族或泰雅族的農耕祭團毫無二致，其差別僅在於：一個在海上一個在陸地工作的這一點上而已。依靠蘇莫奧捕漁法，雅美人即可以獲得大量的飛魚，是他們生活上最重要的支助。

依據鹿野忠雄在昭和初年（約一九三○年代）前往蘭嶼調查的結果，當時島上人口一七一三人，漁團共計四七團，可是，嗣後這個數字愈來愈減少，顯示了逐漸地入侵的外來文化的優勢，到了二十世紀末現在，漁團數量銳減，年輕人大多渡海到台灣來就業謀生，是漁團減少的最大原因。

至於小型漁舟，雖說也有三人用的，然而事實上多為一、二人用的，即使參加漁團組織的家庭，另外擁有單人用或雙人用漁舟也是常有的事，因為乘這種小型舟，是白天破曉即出海垂釣，日沒前歸來。雙人用漁舟通常都是父子倆一齊出海用的，但少數為兩戶共同所有

〈參考圖〉 蘭嶼漁舟是世界上罕見的高水準藝術品（1975）

的，也就是各派一人一齊出海。無論是白天或夜間出海，凡捕獲到的飛魚等類，均剖腹摘出其內臟，晒乾後懸掛在爐灶上面，利用燻製加以貯存。大型漁舟的捕獲係以飛魚為對象，可是小型舟係利用白天垂釣，所以種類較多，包括鮪、鯛、鰆、章魚、蝦等。

不過，最值得一提的是大型漁舟的製造及其落成祭典。

雅美族的大型漁舟，尚可分為側面施以雕刻的與毫無雕刻的兩種：前者叫做「伊巴尼蒂卡」(ipanitika)，後者叫做「伊比羅亞恩」(ipiroaun)，當然前者工程相當化費時間與精力，在村人心目中，其存在價值自然很高。凡大型漁舟長達十二乃至十四公尺，寬一三〇公分、高二五〇公分，通常都在靠近海岸的私設「船庫」(Kamarig tatara)附近空地上製作，可是，伊巴尼蒂卡則在團員之一的家裡前院製造，時間均在六月初起工，至八月底完工，這一段時間，對他們而言，是「漁閒期」。為何必須趕在八月底以前完工，因為九月起強烈的季節風就要開始來臨，在地面上粗工尚可，若要作細緻的雕刻工作，則較為不便，所以多選在這一段期間。若是不須雕刻的伊比羅亞恩，則多在十一月至十二月間完成。無論有沒有雕花，大型船通常五、六年製造一次，因為這個時候，船板開始腐朽。

說到建造一艘刳木拼裝漁舟，大家都會想像他們必定大費周章地採用了大鋸小鋸甚至角鑿等多種工具，殊不知他們從來不知有這樣精巧工具，他們早已習慣於僅僅使用一把小型斧頭(wasai)，將砍伐大樹到細雕工作，均依靠它來完成。一般漁舟的每一個部份，都採用不同的材質（一般船之用材多達十二種樹木），許多彎曲的舷板，並不是將大塊木材刳刻而成，而是老早以前就選擇好，利用原來彎曲的樹身略作精刳而成，而且為了考慮浸在海水中不至於膨脹或變形，特地採用生樹幹造船，這些就是他們多年經驗後產生的智慧。雅美族以枯木或乾材製船為最大禁忌，是有其道理的。

從任何角度而言，雅美族要完成一艘大型漁舟尤其是有雕紋的伊巴尼蒂卡，僅僅基本成員的十人，在三個月左右的期間內是完成不了的，所以，通常親戚好友都會自動前來參與，成員們必須為此提供平常少有機會吃到的粟飯（平常多吃山芋）及香蕉龍眼等，來增加他們的營養與體力。

〈參考圖〉 雅美族男人也椿小米，迎接船祭來臨（1969）

在南島語系的諸種族所用的船隻，通常都是在船的兩側再配以浮材，以求航運中的安定；可是雅美族的船卻無需依靠任何補助品，能夠獲得平穩行舟，是特別值得大書而特書的。

當大型漁舟完成後，就要找一個好的日子（如同開工也要擇定吉日一樣）進行進水典禮。在前一天應邀參加典禮的人們，均由蘭嶼的每一個角落雲集而來，男士們都是頭戴傳統的圓錐形銀盔，配上新織的丁字褲，雖然都是盛裝，但仍不忘武裝。女士們也裝飾得漂漂亮亮，但也手執槍或刀之類，為的是要在儀式中趕走阿尼斗。他們各找村子裡的親戚或好友家借宿一夜。

廣場上漁團成員們，紛紛從家裡搬來大量的水芋，掩蓋在整艘新造漁舟身上，據說為了這個盛典的水芋（無人可以解釋水芋建新船之用意何在，但筆者以為是含有充當供品的意思）漁團成員家人都要兩三年前就多種些芋苗，以備此日之用。據說雅美族人眼中，水芋比山芋、地瓜等都高一級的聖品，從種苗到收成要化費二、三年時光。成員的家人除了準備水芋以外，還要屠宰豬羊與製造小米糯糕，以便分發給前來慶祝的親朋們。此時雖屬祭典的前夕，但安置新造漁舟的周圍，到處可以看見村民們中三三五五成群在唱歌或正在跳舞。一般大型漁舟的完成，不僅僅是十個成員家人的歡喜，也是整個部落的歡喜，這比起台灣島上廟會的熱鬧程度毫無遜色。

祭典當天，太陽尚未露面，村子裡已經開始忙碌起來了。首先漁團的成員們開始搬走漁舟內外的水芋，並各自分贈水芋與所宰豬（羊）肉塊給來客們。這些工作就化費了一個上午的時光，接著該是盛大的進水祭典，可是，在這之前尚需要進行兩項小型的儀式：豐漁祈禱祭(mipaluk)與新舟順風祭(miraod)，這兩者是相繼舉行的，致使容易混淆而看成同一個儀式。前者係由漁團成員之一，抱著一個古陶壺放置在新造漁舟上，壺中裝著少量水，上面浮著一些粟粒。每一個成員上舟各就各位，然後將手執之刀子(pararowai)伸進壺中，沾一點水後即塗抹在自己位置旁邊的船緣上，並各自向阿尼斗唸禱詞：「將這些聖水帶走，然後帶來更多的飛魚」。這個豐漁祈禱祭之後，緊接著就是祈禱新舟順風祭。此時各人仍然就各自座位，先由成員中最長老者唸禱詞(raoud)，其詞意為：這艘新造漁舟，將要非常順利地超越其他人

的漁舟，將載回滿舟的飛魚。

　　所唸禱詞正是全體漁團成員的最大願望，所以此時包括圍觀的來客及村民們，都靜悄悄地似乎在傾聽，亦似在心中做相同的禱告那樣，一瞬間陷入一種嚴肅的宗教氣氛之中，這個小儀式很快地作完之後，便是今天整個儀式的最高潮：進水式典(manugaoi)，其實這是一種要趕走新舟上鬼魂（阿尼斗）的咒術實演。

　　趕走鬼魂的參加者並不限於十個成員，同村的男士甚至於鄰村的男士也會前來支援，所以參與者少則數十人，多則超越百人。他們各自脫掉上衣，二、三十個人一隊，散佈在離新舟不太遠地方，在司祭者一聲號令下，各隊排成縱列，立即露出可怕的表情做出奇怪的動作，朝著新舟一步一步地緊迫過來。此時他們雙眼往上吊起，不住地搖幌著腦袋；左手按在胯間，右手都在胸前拂動著，踩著如同醉酒的步伐，一步一步地從各方包圍著新舟而來。

　　他們這種動作，為的是用威嚇趕走新舟難免留存的鬼魂。看到他們的表情、動作、步伐，我不由得聯想起廟會裡出現的八家將及廟庭表演扶乩的乩童們，事實上他們不久便由於一種類似宗教性的興奮與熱狂，有些人已經陷入忘我的出神狀態者(ecstasy)。稍後各團集攏了之後，由於禁不住爆發精力的衝動，大家不約而同地將新舟合力抬起（附圖50），接著往天空拋出，然後將新舟放置在地面，又開始做趕魔鬼那種奇異的動作；如此多次反復做了之後，終於大家協力舉起新舟往海邊奔跑。大家來到海邊，將新舟放在沙灘上之後，又圍繞著新舟做起趕阿尼斗的動作。接著把新舟往海裡推移了幾步之後，又讓它往後退，如此反復數次之後，又開始做出趕鬼動作，最後把舟體推進海面上之後，仍繼續用雙手拍打船邊海水，使其水花四濺。看來，他們想藉此來做最後一次斷絕鬼魂的跟蹤。最後十個成員齊聲發出歡呼之聲，各拿起槳固定在舷緣上，接著，在留下的村民們推動之下，一氣邁入海洋之中，新舟終於在眾目注視之下完成了進水儀式，其實從豐漁祈禱祭、新舟順風祭到最後的進水儀式，一連貫的祭儀可看作是整套的雅美人獨特的「漁舟祭典」，令人印象深刻，銘感殊深。

註解：

註一：此段記述，當然指的是戰後不久之情況，現在幾乎都受過各級
　　　學校教育後，這種現象自然不復存在。
註二：見鹿野忠雄稿「紅頭嶼發之甕棺」（人類學雜誌第五十六卷第
　　　三號。）
註三：見國分直一稿「終戰後之紅頭嶼調查」刊登於一九五三年三月
　　　號日本「民族學研究」第十七卷。
註四：見拙著「南海遊蹤」（1973，台北三民書局）

附圖50　漁舟進水典禮的目的，也是要趕走魔鬼（1980）

10 西拉雅語

SIRAYA

十、西拉雅族

(一)荷蘭人眼中的西拉雅人

　　向來研究高山地區原住民文化的學者並不多，而研究住在平地而漢化較深的平埔族文化的學者更少，幸而近十年來各地方文史工作者比較活躍之下，平埔族的傳統文化才稍微開始被發掘而重見天日，可是無可諱言地，這些研究報告，大多不免犯上以今推古的毛病，換言之：只記述文化的可視的形態，卻誤解了其不可視的本質或忽略了其固有精神之所在，何況其可視的形態亦與三、四十年前大異其趣，對其本質或精神之剖析，其準確性就更令人擔憂了。筆者亦嘗試將前輩學者遺留之文獻資訊及我個人在二十多年前實地調查的結果，擬作一連貫性的報告。

　　首先略述平埔族在台灣移動概況：自從十七世紀中葉漢民族大量移民來台，首先造成西部平野的平埔族潰散及遷移。他們之間本來就不很合作，甚至經常發生敵對鬥爭，無法抗拒漢人的緊鄰而居，不得不受其漢化，可是有的翻山越嶺跑到東部平原，有的繞過北海岸或南海岸尋找新天地。

　　住在台北縣、市與基隆地區一帶的凱達格蘭族，其定居的年代相當悠久，幾年前十三行遺蹟發掘到的諸多文物，暗示了他們來台將近二千年的歷史。另外一族叫做噶瑪蘭的平埔族在蘭陽平原，他們來台居住亦有超過千年的歷史，然而在十九世紀中葉漢人亦開始大量移居至此，迫使部分噶瑪蘭人往南遷至花蓮與台東沿海。

　　台北地區的凱達格蘭族，約在數百年前有一分支，南遷到淡水河以南及桃園一帶，叫做雷朗亞族，另一亞族叫做巴賽，卻從北部移至蘭陽地區的北部沿海定居。

　　西海岸由北而南有道卡斯、巴布拉、貓霧捒、巴宰海、洪雅等五族，他們早期可能與賽夏族同出一源。大約在二千年前，這六族之中，巴宰海與賽夏分化而出，其餘四族則較晚始分化，其年代被推測尚不到一千年，四族之中，巴宰海居住豐原地區，賽夏族卻移入靠近北部中央山脈地帶。

　　十七世紀後半期，漢人的入墾，迫使巴宰海族在嘉慶九年，與西部其他四族（計一千餘人），一齊越山到蘭陽地區的羅東與冬山一帶定居，接著道光三年又一次四族人再遷出而移往位在東南地區的埔里盆地。

日本學者土田滋從語言學的觀點來推測：桃園縣龜山鄉一帶曾經居住有龜崙族，他們的語言與賽夏族頗為接近，在數百年前分化而出，遷移至平原定居；而最耐人尋味的是很可能龜崙族就是賽夏族矮靈祭中的矮人。

　　由於篇幅有限，而且平埔各族之中比較保存著傳統原始意味的宗教活動者，首推台南地區的西拉雅族與宜蘭地區的噶瑪蘭族，故筆者在拙著中僅提出調查此兩族的報告。

　　從台灣歷史發展的過程可以判斷：最早與漢人頻繁地有所接觸的該是西拉雅族，不僅如此，若依照十七世紀完成的荷蘭「巴達維亞日記」上記載，當時住在台灣的人們，最早接觸到西洋文化者正是西拉雅族，而不是住在台灣地區的漢人。連駐守安平、赤崁一帶城堡的荷蘭之傭兵，也全是西拉雅族人，荷蘭人在台南地區設教會與學校，曾經教導西拉雅族人利用羅馬文字拼音寫法，記述西拉雅語的田契等文件；由於這種文件後來大多在新港地區出現，因而將這種性質的文件上的羅馬字，特別稱為「新港文字」。幸好荷蘭人統治台灣僅僅數十年而已，否則西拉雅傳統文化早已消失得無影無蹤了。

　　關於西拉雅族的原始宗教信仰，最早的文獻首推前英國長老教會牧師甘為霖(Rev. Wm. Camppell)著「荷蘭人統治下的台灣」(Formosa Under the Dutch)中的第一部「台灣概況」第二節「住民誌」。「荷蘭人統治下的台灣」雖於一九○年出版於倫敦，可是「住民誌」卻是甘為霖將十七世紀荷蘭傳教士喬治‧康迪丟斯(George Candidius)所留下的荷蘭英譯而轉載的。喬治‧康迪丟斯在一六二八年前後曾經在台南地區住了前後兩年從事基督教傳教工作，在該文中詳細地記載了新港、麻豆、蕭壠、目加溜灣、目罔、提富魯港、啼鳥膀、大武壠等八社平埔族的生活及風習，其中對於其原始宗教方面的著墨雖不多，不過，許多片段性的記述，多少也可以讓我們去瞭解西拉雅族的信仰，彌足珍貴。筆者配合論述的需要，譯出其中的幾段供讀者參考：

　　該文冒頭即稱：「（台灣島）擁有很多村落，人口稠密，語言卻不統一，他們沒有君王、長官、頭目。他們相處不能說是和睦、村落及村落之間，常動干戈。」

　　最超出我意料之外的，是早期西拉雅族也有馘首之習：「當他們

割得敵人的首級，或切下其頭髮或僅搶得對方之槍矛回家時，他們便大排筵席，既歌又叫，整個村落即陷入狂歡之中。最初他們帶著頭顱遊行於村中，歌頌他們信奉的神祇，因為他們相信這個勝利是神明所賜與的。無論走到那裡，他們都受到喝采與竭誠的歡迎，並且亦受到最佳的酒料接待。嗣後他們捧著頭顱回屋裡去，將頭顱放在鍋中熬煮，直到頭顱上所有的皮肉全部脫落為止。接著，這個頭顱即被放置在陽光下晒乾，然後將最好而最強烈的酒倒在上面。此時他們屠宰很多豬，用以供奉神明，最後便是大家參加宴會。這種慶祝凱旋的活動，繼續兩週不間斷。」這裡所謂對首級的處理方式或最後給頭顱倒最佳的酒，以示敬意等，與過去高山族馘首祭的作法毫無兩樣，頗令我感到驚異。

關於他們對死者的埋葬習俗云：「人死後兩天，要做很多儀式，然後把屍體移置於竹篾編成的台上，其台高約二荷蘭尺，設於一屋內。接著他們在屍首周圍焚火，使其乾燥。這時他們正在進行很多喪葬的儀式，包括宰豬與宴饗。村人多前來瞻仰遺體，在此之前他們都在屋前敲打刳空樹幹而成的木鼓，將噩耗告知村人。女人們即搬運甕裝酒，以供大家飲用，然後在喪家的屋前跳舞。

「他們跳舞的時候，是站在一種類似曾經在東印度所見的木箱上。該木箱是以巨樹刳空而成，他們把這種木箱倒置，站在上面跳舞，所以發出很大的噪音。（中略）　這種跳舞通常繼續兩個鐘頭。這就是他們所謂的莊嚴喪禮。

「屍首通常放置在在竹台上九天，以便烘乾，不過每天都要為他洗滌乾淨，及至第九天，始將他從竹台上移下，用蓆包捆，同時他們又設另一個竹台在屋內，這一架竹台用很多衣服蓋著，乍看之下，其整個外形如同一個大天幕，烘乾的遺體放置其上，他們又開始為祝福死者而飲宴。如此，遺體在竹台上放置三年，乃把他移開而埋葬於屋內地下，屆時又有許多場飲宴。

「現在讓我們來看他們的宗教吧。這種宗教正是我們所要廢除而改以基督教的。雖然島上沒有任何書本，雖然他們之間沒有一個能讀能寫者，然而他們卻擁有他們另具形式的宗教，這種宗教係以口授的方法代代相傳。

「他們相信人死後其靈魂將因其生前的行為而蒙受報應。年紀大的人，對這種觀念尤為清楚。他們說如果一個人在生前做壞事，死後便應在充滿著污穢的大河中受苦，生前有善行者則安然渡河而過快樂的生活。他們相信河上有一道窄橋，死者要渡過此橋才能達到樂園。若果生前有惡行者，過橋時會跌入河中飽受痛苦。」

這種奈何橋的觀念，應該是由當時人口不多的漢人傳的。據筆者多年調查台灣原住民及南洋山地各族所獲得的認知，是南島言系民族並沒有「奈何橋」的觀念。該文接著舉出許多禁忌之後說：「在做某種事以前應先聽鳥鳴占卜，也有很多可做的與不可做的事情」。禁忌之多與重大事情必作鳥卜，正是南島語系民族的重要信仰之一。

三百七、八十年前的西拉雅族究竟膜拜什麼樣的神祇呢？對此該文有一段精細的說明：

「他們信仰很多神祇，對祂們供奉犧牲，他們信奉中比較重要的神有二：一個叫做Tamagisanhach，居住在南方，為創造宇宙的主宰，亦是「美貌」之神，其妻子居住在東方，叫做Taxankpada。當東方雷聲大作時，土著民以為女神正向其夫說話，譴責他不降雨；而當他聽到雷聲之後，便將雨水降下，這一對夫妻神就是他們奉祀的最主要神明，可是在北方另外還住著一位神明，他的名字叫做Sarifingh，但他們並不認為他是非常重要的神。Tamagisanhach創造了美貌的人，然而Sarifingh卻使人變成醜惡，使他們臉上出現麻子或類似痘疤。所以他們一方面祈禱他不要傷害他們，另外一方面亦向Tamagisanhach祈求保佑，因為他們信奉他為最具力量的神。另外有兩個戰神：Talafula與Tapaliape，他倆都是男士所祭拜的神，除此以外，他們還膜拜很多神祇，恕不能盡記在此。」這個神譜中巧妙地解釋了雷雨的天然現象，他們發揮想像力的空間很大，而且想法亦天真可愛。

「這裡只有女巫，叫做 Inibs，她們的職責就是招請神明並對祂奉獻犧牲。奉獻物包括宰豬、米飯、檳榔、酒與牡鹿頭或野豬頭。奉獻完畢之後，一、兩個女巫唸起很長禱詞招請神降臨。此時她們都瞪目而倒臥在地上，大聲叫喊，表示神將顯現。女巫們僵身倒地，如同死屍一般，即使五、六個人搬也搬不動她。不久她終於恢復知覺，而渾

身發抖，這表示神靈已經正式出現了。此時此刻，圍繞著她們的人們便開始流涕哭泣起來。我曾親眼目睹過這種儀式，但我並沒有見到他們的任何一個神明。」

這裡所謂Inibs是西拉雅語，指的正是台語的「尪姨」，原作者強調他們只有女巫沒有男巫，而且其記載的供物：豬肉、米飯、檳榔、酒與獸頭等，也正與我所調查的日治時代及戰後不久的情況，不謀而合，可知原作者的記載相當可靠。

「他們的每一所家屋內都設有供奉神祇的場所，若遇見了什麼難事，即請 Inibs來做法，作很多奇怪的儀式。預測天晴或下雨也是她們的職責，她們還要除穢驅邪，因為他們相信周圍有很多邪靈惡鬼，她們手執斧鉞，大聲疾呼，要把鬼靈趕入水中淹死。在路上到處設有神壇，我曾經幾次在走路時，不慎踢到它們，險些顛躓跌倒。」這裡所謂家中設神壇，連路邊也到處有的現象，雖然現今已經無法見到，然而在二、三十年前確實仍可看到類似情況。

(二)阿立祖與性器崇拜

除了上面介紹的洋文以外，中文最早記述西拉雅族生活習俗的，首推「安平縣雜記」，其中有兩段描寫有關女巫作法情況：

「番婦為尪姨者，例應供祀祖神李老祖君三年，每年兩次，每次當宰豬一隻，名之曰『尪姨豬』。於作『向』之期，該尪姨當就其家中堂上左畔，設立的竹竿三枝或五枝，要連竹葉者，豎置該處竹前，則要備磁瓶或磁罐一個盛水其中，供奉檳榔燒酒糯糯等物，及宰豬一隻不要皮肉，只取其頭骨，縛於竹竿之上，其為尪姨之番婆則取小竹椅一張，坐於竹前，念咒乞寶，行法約一時之久，實有一寶在於竹上旋舞而來。尪姨眼見，急取碗一個，乘水半碗，跪往接之。該寶自然飛入水中，其寶為何，是一個螺殼錢，中有一孔，色白而物圓者是也，尪姨隨於碗內取出，用紅繩串孔佩在手之左腕手脈之前，以為護法之用；碗中之水，轉盛於磁瓶或磁罐之中。每月朔望之日洗換一次，此乃番婦之尪姨者於俗例作「向」時，有此乞寶之事。」

這一段記載說明了西拉雅族女性若果當上了巫師，即要供祀西拉

雅族的開祖「李老祖君」三年，並詳述了女巫—尪姨做法的情況。其中尤為值得注意者：「宰豬一隻不要皮肉，只取其頭骨，縛於竹竿之上」，尪姨坐在其前念咒，這清楚地說明他們咒物崇拜。又西拉雅語的「向」含意頗廣，有時指鬼神，有時指尪婦之做法或其詛咒。該雜記還有一段記述尪姨作「向」靈驗的程度：

「有番社之人，欲害人者，只要尪姨相商，取其所供磁瓶之水，暗灑其人身中，即法行病至。知者則就尪姨收禱，不知者被害無窮。凡夫被「向」弄害之人，另為尪姨者均知觀看，其人頭上面手上現有一種筋紋，尚要審判行法之尪姨法力深淺，法深者行之法淺之人，不能讓解。惟讓解或請祀，概不須香花蠟燭銀紙，最要者燒酒，檳榔及蔴糬必不可缺。」

這一段記載顯明地說出西雅族女巫作法的厲害以外，最值得我們注意的就是「讓解或請祀」不需要「香花蠟燭銀紙」，最需要的是「燒酒、檳榔、蔴糬」三者，可見主神所喜愛的，與漢民族敬神供物大異其趣，濃厚具有南洋原始種族拜神供物之類似點。

又據「諸羅縣誌」第八卷雜俗篇：「載無祭祀，不識祖先，結草一束于中柱為『向』，向者猶云鬼神也，莫敢指按摩觸。週年賽戲，或露立竹柱設向以酹」。這裡特別值得注意的，是清代的西拉雅族除了拜李老祖君以外尚無祭拜祖先的習俗，可是卻非常重視過年的慶祝，還設向為之酹酒（將酒潑在地上饗鬼魂）。

該文接著又云：「作法詛咒亦名向，先試樹木立死，解而復蘇，然後用之；否則恐能向不能解也。不用鎖鑰，無敢行竊，以善向故也；善其枝者，多老番婦，田園阡陌數尺一代環以繩，雖山豬麋鹿弗敢入。漢人初至，誤摘啖果蓏唇立腫，求其主解之，輒推託而佯為接視，轉瞬平復如初。」這些記載，以現代科學的眼光視之，不見得可以盡信，然而清代西拉雅族作向之盛行，可知其一班。

西拉雅族最主要居住地，清代至日治時期之間在台南縣內的白河鎮、東山鄉、官田鄉、大內鄉、佳里鎮、七股鄉、將軍鄉、新化鎮、玉井鄉、楠西鄉、南化鄉、左鎮鄉、新市鄉等內。清代至至戰後二十年左右之間，這些鄉鎮之內的沙丘、竹林、林投之綠蔭下或田園之中，偶而可以看到簡陋的草棚或名為「公廨」的小廟。有的在民宅裡

面的左邊壁下（俗稱壁腳），地面大塊紅磚上設祭壇，壇上的神體卻是「壺」與「石莖」。不過，佳里鎮內的北頭洋、潭墘、三五甲等的祭壇則稍有不同，他們還分為上下兩層，上層祀「壺」，下層祀「石莖」。壇之配置，各地略有不同：例如：左鎮鄉的祭壇上「壺」之後方，還立鹿角一對為神屏，角上並掛著大鑰匙四把；可是，一樣左鎮鄉內的荷拔林、隙仔口、滴水仔等之祭壇上神屏，係用木製或竹製之鹿角狀物，角上一樣掛大鑰匙五把。東山鄉吉貝要、官田鄉番子田、大內鄉頭社等，則用三、四個或八、九個獸類頭蓋骨，插在三五支竹篙叉上，立於「壺」前面或側面。將軍鄉的角帶圍，卻僅用三個豬頭蓋骨擺設在「壺」後方。

官田鄉番子田在一九七○年代尚存有兩所公廨，筆者曾前往調查，發現設在田園之中，其中一所是露天式的，另外一所卻是用土角磚砌的牆壁，上面蓋以茅草，相當簡陋，卻濃厚地具有原始宗教的氣息。

西拉雅族為什麼將其最高神祇稱為「阿立祖」？據筆者調查所知：西拉雅語 aritt（音阿立）為「祖靈」之意，把西拉雅語「阿立」配上台語「祖」而形成「阿立祖」，是一種拼裝名詞；至於把阿立祖也說成「李老祖君」，更是其原始宗教受到漢化的最佳佐證。十七世紀初荷蘭傳教士康迪丟斯所調查到的西拉雅族原始宗教中出現的諸神，經過不到三百年時光，竟然被二十世紀的後裔遺失殆盡；而且康迪丟斯調查中並未曾出現過名叫阿立之神；後代卻冒出一個抽象的「祖靈」，換成西拉雅話稱「阿立」一詞，並藉此來代表西拉雅人心目中的所有天神地祇，也包括他們心目中所有男神女神。

西拉雅人過去拜「壺」與「石莖」為阿立祖的神體，前者象徵女性性器，後者代表男性性器，所以一言以蔽之，西拉雅族的宗教是一種崇拜性器的原始宗教，而且過去將壺安置在上層，石莖在下層（二次大戰後大部分的石莖消失，只留下壺為神體），也與該族為母系社會，女尊男卑的習俗有關。性器崇拜的原始宗教，遠在上古時代，在歐亞兩大地區許多地方曾經出現過，近至現代，仍有許多邊疆地帶少數民族還在信奉（中國、日本、朝鮮），所以西拉雅族等許多平埔族，有這種信仰也是很正常的。

依據一九五七年出版「台南縣誌」人民誌宗教篇上記載：「昔時每年定農曆三月十五日禁向至九月十五日開向，當開向禁向之前，各社各庄須設一向地稱『公廨』，建築竹屋一軒，屋上蓋茅草，前後雙倒水，中作一脊，脊之兩角各用土作假鳥三隻，身糊以竹模，鳥口啣稻草，名曰『阿崦』，竹模曰『而伶』，稻草曰『攤因』，插於其間。屋之左右兩傍則以刀鎗牌銃四件，每件數枝掛列該處，蓋取其作向告神祈福，飲酒歌舞射獵之義。

「『向』神座前另安置大石一塊為神桌，桌上排列檳榔、燒酒，朔望之日更換一次，此公廨作好後，不論禁向或開向，先一日各番民相率入山打獵，或鹿或麞或山豬，隨便打殺一隻，賚至公廨，將皮肉一盡剖切，只留其頭，尚要去其皮肉，將頭縛於『向』神座後大竹根之上，總看是日入山銃獵得幾獸，所有頭骨均要取縛其中，以行作『向』之禮，及至『向』日各番民家家戶戶，男女老幼均須至公廨說『向』，每家必備辦檳榔、豆飯、酒，挑往公廨之中供養。（中略）祖神壺內盛酒稱新酒，另備壺盛水，水中插以菅芒草稱神水，為信者治病及祈禱之用，信者頭纏菅芒草祈神、飲神酒，神就會保佑其健康……。」

這裡特別值得我們留意的，是清代至日治初期的西拉雅族祭祖時必須作向，而且尚有「禁向」與「開向」之儀，相當隆重。由於尚保留著原始宗教的原貌，建公廨一定是竹屋蓋以茅草，其中脊兩端還有裝飾品，而且無論『開向』或『禁向』的前一天，都必須舉行狩獵，然後將獵獸之頭骨紮縛在向座後面大竹根之上。還有作為神體的壺，不是只有一只，而是多只，其中所盛酒或水，都被看作具有靈性而對信徒有治病或保健的效用。在此，筆者所以不嫌其煩地還要重述一遍，原因就是後來的演變太大了：由於他們接受到另外一種新的外來文化的衝擊，在日治時代後半期，這些習俗或建物上特徵等，都幾乎不再留存了，當時尚少數有人會唱的「向歌」，不久也被遺忘得所剩無幾了，甚至於祗能照唱而不知唱的是什麼的地步。

筆者在一九七二年十月十四日在佳里鎮採訪阿立祖夜祭的情況如下：這一帶清代被稱為蕭壠社平埔族，在荷蘭時代為了使這裡的族人經濟上有所發展，荷蘭人曾經由印度購買黃牛一二一頭放牧於這裡的

高地，為台灣地區牧畜史啟開了第一頁。嗣後聚落逐漸地形成，荷蘭官員也雜居其間，據文獻記載，在日治時代末期尚有三口荷人留下的井，當然現今已無人知道其位置了。

日治時代據說佳里鎮內阿立祖的公廨有六處之多，可是戰後當地族人鳩議建廟，竟將六處神壇集中而興建唯一的公廨，並取名為「立長宮」，南部文化界名士瑲琅山人在門框的橫楣題「北頭建業傳蕭壠社」，左楹寫「一口檳榔祭阿立祖」，右楹寫「千壺淳酒念先住民」，短短的兩句，將西拉雅族原始宗教的特質說明得淋漓盡致。這裡所謂「北頭」係古西拉雅語「北頭洋」（意為女巫之山）之縮短，它過去被視為西拉雅文化的重鎮。

依據我所知，日治時代初期許多日本學者調查時，阿立祖神體—壺，一向是以所謂「安平壺」（厚胎影青色磁壺，曾經在安平地區出土較多，因而得名）來充當，它們多為明代貨，可是此時我親眼目睹到的，卻是五只白色磁製瓶（據說以前還用過黑松汽水瓶），而且該有的石莖卻早就不見了，雖然早知如此，卻仍然有些失望（附圖51）

公廨的橫樑上懸著紅色喜幛，供桌上已堆滿檳榔、米酒、麵龜等供品，桌後祭壇上排成一列的那些白色花瓶，均用紅布纏著，其中央的一只特別稱為祀壺，代表著阿立祖正神，其他象徵著祂的侍官與部將，本來應該在壺中插著菅芒，戰後卻改用甘蔗葉，如今已變成鮮花（均叫做插青），無論那一種仍然表示族人的欣欣向榮之意。

大約晚上八時左右，祭儀開始。首先，今年主事者（爐主）與幾位信徒，將這一年來所收到的油香錢換成一枚金牌，懸掛在阿立祖神體上；正在等待已久的紅姨，用向水、米酒與三炷香，行「開向」之禮，敦請諸神及列祖回來接受村民們的饗宴。

接著由還願的信徒，呈獻大豬一隻，還願者跪在地上表示感激之意，此時尪姨充當司祭從旁唸起還願者姓名、歲數、住址之後，再敘其要還願的理由，接著便是一段大部分人都聽不懂的禱詞。這一隻豬的屠宰法卻顯得非常特別。他們就在神桌前面，地上先由尪姨繫緊棉線，在豬隻身上以屠刀作象徵性的宰殺動作，以示此豬為奉獻給阿立祖之祭品（此舉特別稱為「點豬」，然後才由他人一刀刺進豬的心臟部位，使血液全部流出後，全身塗以泥土，用稻草起火煨到表皮略為

附圖51　西拉雅族祭阿立祖儀式，都在晚間舉行(1972)

熟的程度，然後再用竹篾去除土殼，粘住的豬毛也隨之脫落；如此清淨豬身後才供獻於阿立祖前面。這種頗具原始方式的豬體處理法，與我曾經親眼在蘇門答臘島的北部托巴湖一帶原始種族(Toba Batack) 或西拉威斯島原始種族(Toraja)部落中所看到的處理豬毛的方法，完全是一模一樣的。

　　大約午夜時份，夜祭進入高潮，紅（尪）姨率領著全身穿白衣裙的二十歲左右男女信徒十多名，頭纏草蔓，髮簪鮮花，在祭前不甚廣大的空地上，相牽叉手，排成圓圈。紅姨一邊唸禱詞，一邊向青年們身上噴以平安神酒與神水，然後邊跳舞邊唱向歌。他們幾乎無人願意為我解釋向歌所唱的是什麼內容，其實說不定只會唱不知含意者佔多哩。但是，我不由得想起乾隆八年（一七四三）巡台御史六十七氏在其著作「番社采風圖考」中的詩句：「歌聲雖未繞樑沉，亦自悠揚載好音，不解喃喃慶何曲，惟於含笑驗歡心。」

　　究竟西拉雅族來自何方，過去台日雙方學者中有些人推論他們來自大陸，許多人卻相信源於馬來群島或菲律賓群島。至於為什麼他們的祖神「阿立」有時候也被稱為「太上老君」，對此一位故老說，他們的祖先由海上來的，所乘船隻漂流在大霧中不知方向數天，糧食也即將告罄之際，天上出現一枝大白旗，上面寫著「太上老君」，他們就以此旗為領航，最後終於來到台灣西南海岸蕭壠港（今佳里鎮）登陸，當日正是農曆十月十五日。果真如此，太上李老君怎麼又稱為阿立祖呢？無人能解答，我也不便再追問。

　　不過，依據現場另外一位耆老的說法，他們的祖宗在台灣登陸以後，已經沒有多少剩餘的食糧可分享，好不容易地在船艙尋獲老鼠吃剩下的少許粟粒，趕忙以這些粟粒播種而成為他們主要的糧食（至今西拉雅族還是很感謝老鼠無心的幫忙）。農耕的基礎雖然奠定好了，可是不久卻遭遇到連續七年的大元旱，致使族人間疾病流行，餓死的餓死，病死的病死，他們毫不容易地終於渡過災難連綿不斷的七年，嗣後才逐漸地安定下來。不久族人之中有擅唱歌謠者，將當時的悲慘遭遇唱成歌曲，留下了一首「七年苦旱」歌。由於這首歌所唱的，正是他們先人移民後慘澹經營的心境，據說如今已經沒有幾個人會唱了，而且萬一有人唱出，會立即引起現場的族人流淚悲傷。

以上是我以前在佳里鎮田野調查的經過，雖然事隔二十多年現在，嘉南地區西拉雅族（甚至於移居於台東一帶的所謂後山西拉雅族），仍然年年舉行阿立祖夜祭，祭祖的基本精神仍舊，然而祭儀的諸多形式與細節，與二十多年前筆者所目睹到的，已經呈現出很大的差異，究竟民俗是活的，在時間的自然推移之下，民俗的腳步有時候快速得令人不敢相信。

台灣北部平埔族遺跡出土之
琉璃珠（內層）

11 噶瑪蘭族

KAVALAN

十一、噶瑪蘭族

(一)噶瑪蘭人的祭祖

　　在台灣平埔族中，住在東北部蘭陽平原的噶瑪蘭族，是受到漢文化影響最遲的族群。究竟他們的祖先從何處而來，伊能嘉矩於日本據台的第三年——明治卅年（一八九七），調查宜蘭地區美簡社耆老的口述後記載云：他們的祖先從東方海外的叫做馬列里岡的地方坐船來台，在北部登陸來到宜蘭平原，與當地的泰雅族發生多次戰鬥，最後他們得勝而將泰雅族趕入山區，嗣後稱他們為山地人(Pusoram)，自己的族名就叫做Kavaravan，意為住在平地的人，這個名稱被漢人音譯而寫成「噶瑪蘭」，後來「蛤仔蘭」或「宜蘭」地名亦由此演變而成（註一）。

　　昭和一年（一九二六）馬淵東一在宜蘭新社調查所得的傳說云：往昔綠島（噶語稱Sanasai)上住了一對夫婦，是噶瑪蘭人的最早祖先，他倆生了三個兒子，不久覺得綠島太狹窄了，就造船全家移到台灣北部。老大與老三居住於宜蘭平原成為噶瑪蘭族，老二另居一地，竟成為太魯閣的泰雅族的始祖。

　　傳說還有一些，內容雖然略有差異，可是他們來自東方海上的某島，是一致的說法。關於蘭陽平原的記載，首見於一六三二年，當時因西班牙佔據淡水一帶，其商船在航行中因颱風而漂至宜蘭。嘉慶九年（一八○四），台灣西部平埔族：北投(Hoanya族)、馬賽(Ketagalan族)、阿東、東螺(Babuza族)、大甲、吞霄(Taokas族)、岸裡、阿里史(Pazeh族)等八社計千餘人，也遷移到蘭陽平原，來與原來的噶瑪蘭人及剛剛於一七九六年由吳沙帶領前來的漢人，爭一席之地，而事實上這些晚到的平埔群族，不到數十年時光，其血液與文化都溶化在噶瑪蘭族之中，如今再也無法判別了。

　　嘉慶十七年（一八一二）全台正式納入滿清帝國的版圖之內，蘭陽地區自然亦不能例外；當時任通判的翟淦擔憂漢人的拓墾一經開始，噶瑪蘭人的生計難免受其影響，於是實行了「加留餘埔」政策，也即是小社周圍加留一里；大社周圍加留二里為族人的社地，並栽植樹木為界，禁止漢人入墾，可謂是台灣原住民保留地之首創。

　　不久，族人的人口增加，生活空間不斷地受到漢人與泰雅族人的威脅，於是在嘉慶晚年至咸豐初年（一八二○年代至六○年代）之間，族中有人尋找新天地，分批南下而遷移至花蓮奇萊平原之中。世

界上任何地方種族的移民之路，都必定充滿艱辛與悲傷。他們在花蓮這個新天地所建立的是「加禮宛」六社（現今花蓮縣新城鄉嘉里村一帶）。

任台東直隸州知州胡傳在光緒二十年（一八九四）撰著「台東州採訪冊」上云：「花蓮港以北至加禮宛各社二十里之間，最為平廣，土之膏腴甲於後山，而大鹵番時出擾之。」顯然，當時移入花蓮的噶瑪蘭族所選擇的地點是土地最肥沃的，卻不時要受到「大鹵番」（即是太魯閣泰雅族）的侵略與出草殺人。

較噶瑪蘭族遲了二、三十年，於一八五一年才從淡水帶領十六股人馬移民到花蓮的黃阿鳳，卻選擇美崙溪中下游（今花蓮市國強里豐川一帶）建設「十六股庄」，雖大地膏腴略有遜色，卻與強悍的泰雅族隔著天然的溪流，安全多了。

光緒元年（一八七五），政府有意打開宜蘭至花蓮之孔道，可是要進入奇萊平原必須經過加禮宛平原。「台灣通史」云：「（光緒）四年春正月，商人陳文禮至加禮宛墾田，為番所害，管官命贖罪，不從，且殺兵丁，與竹窩宛番謀叛。」（註：竹窩宛為阿美族社）這是東部開發史上有名的加禮宛事件。

加禮宛大社因此事件遭受到嚴厲的處置，部落從此瓦解了，他們不是完全的漢化，不然就是進入阿美族部落居住，目前花東縱谷內僅在壽豐鄉、花東海岸的龜庵、新社、大峰峰、寧埔、三間、立德、樟原等聚落裡，還能找到一些噶瑪蘭人的文化傳承，然而卻十分有限。我們不得不先從清代及日治時代的文獻，找些零星資訊來拼湊成昔日噶瑪蘭人宗教信仰的大概相貌。

道光十二年（一八三二）陳淑均編纂的「噶瑪蘭廳志」（卷五）云：「番死曰『馬歹』，華言衰也，死不棺殮，眾番幫同掘葬。如農忙時，即用雙木搭架水側，懸裹其上，以令自潰，指其地曰『馬鄰』，猶華言不利市也。從此該社徑行不由其地。番婦持喪，被髮不飾珠寶，視新月生魄則除。若暴死者，如遇戕害或溺於水之類，則通社延請北投（番道士），群哭水涘，念咒施法，拍腿禳逐。既畢，眾番泅水歸，終不敢再經其地。」又云：「有病危者，則搭一茅蓋於四無人跡之區，將其服食家具移置於此，過三、五日或遙遙於宅外呼

之，有應則就之而扶起，否則老於是鄉，無或敢過而問之者」。

明治廿年（一八九七）伊能嘉矩於實地調查後的報告（題目見前）關於他們埋葬方式稱：「除學漢人用棺木入殮外，還保存舊俗：在長方形墓穴內，用竹子做叉形放置在頭腳兩處，然後將棺木置於其上，再蓋以土壤，而埋葬之處即成禁忌之地，社眾再也不敢經過。」

陳淑均所記述的是噶瑪蘭族之兩種埋葬方式：不使用棺而直接土葬法與懸裹於木架上或遺棄不理的曝葬法。伊能嘉矩所報告的，是當時噶瑪蘭族已經學習漢人習俗，採用棺木埋葬的事實，但兩者所見僅僅相差六十五年時光而已。不過，埋葬完畢之後，該地即成為族人再也不敢經過的禁地卻仍然如舊。曝屍與視墓地為禁忌這兩點，與雅美族也是非常相似的。

至於他們的祭祖儀禮怎樣呢？何培元編纂的「噶瑪蘭志略」（道光十七年）云：「度歲在二月中」，而其祭祖儀禮也在此時，可是，伊能嘉矩調查時卻記錄為「舊曆十二月中旬」。兩者的差異很可能是調查地點的不同所引起的。

筆者一九七五年在豐濱鄉新社村的調查，得知他們祭祖叫做巴律林，在農曆十二月二十五日，純屬個人的家祭，各戶事先要準備一些米酒與糬糬為供品。祭祀祖靈的形式與漢人頗有差異，首先，其祭拜時間在晚上十時左右開始，家人齊聚在廚房，供品悉放置在灶上平台，由主人唸禱詞，敦請祖靈駕臨，並祈禱新年豐收與家人平安之後向祖靈敬酒三杯，祭畢全家人在廚房席地而坐，開始用餐飲酒，這整個經過叫做巴律林。可是僅過兩天的十二月二十七日，我卻在同村另外一家看見了不同方式的巴律林。他們的祭儀有些複雜，主人必須前一天齋戒吃素，祭祖時間在上午，在大廳地上殺雞剖腹，取其肝、心、胃等切成小塊，另外配以酒與糬糬等供品，以芭蕉葉充當容器，將它們分為兩份，一份放在灶上，一份放在大廳門檻附近，由主人獻酒唸禱詞，繼而全家人席地而坐，開始食用雞肉為主料理之午餐。

可是，我翻閱伊能嘉矩的報告，卻發現當時情況與現在，大不相同：「祭祖都在舊曆十二月中旬舉行，在此之前，要事先釀造新酒，當天拿到社內某一個特定地點祭祀。祭祀之時，必須吹出口哨三下，他們相信以此為信號，祖靈會前來接受饗宴。」（附圖52）

附圖52　噶瑪蘭族的祭祖儀式
　　　　（以前為家祭，近來
　　　　變成團體祭，1992）

　　這是頗具原始意味的祭祀方式，因為往昔的噶瑪蘭人，如同雅美族或本島上其他高山族那樣，非常畏懼靈魂的存在，更不會將祖靈供奉在自宅內。拜祖先的觀念可能受自附近的漢人家庭，但當時還沒有供奉「神主」的習俗，所以，自然而然地設在自宅以外的社內某一特定地點（等於公祭場所）祭拜祖靈。這該是畏懼靈魂到崇拜祖靈的過程中的一種祭祀方式吧。

(二)超渡儀禮與海祭

　　如前章所述，花蓮縣新社採訪到兩種不同的祭祖方式後，我翌年在台東縣長濱鄉內的噶瑪蘭村落野外，意外地看見一位老獵人獵取到一隻小鹿後，即當場剖腹取出其肝臟就地祭拜「獸神」的情形。過後不久即詢問他所唸的禱詞是什麼意思，他答稱：「感謝獸神賜給我獵取到野獸的機會，並祈求祂源源不斷地再帶來更多的野獸。供我獵取。」內容天真卻也顯得很真摯。

　　這是一種非常典型的泛神主義(animlsm)信仰，並沒有任何特別的地方，可是這個鏡頭卻也使我掀起更深的思惟：前面所云：族人過年前的祭祖儀禮中，大廳地上也好，廚房灶台上也好，均放置生雞的肝等內臟之小塊為供物。當時主人無法說出其在灶台上所祭拜的對象是什麼，使我一直無法釋懷，然而此時我終於恍然大悟。原來他們狩獵後有謝獸神之儀，可是，跟著狩獵的減少逐漸地失傳，取代它的卻是在灶頭上的祭祀；先在地上宰殺獵取的動物（後代用養雞充當之），然後仍以生的肝等內臟為供品。沒有想到他們傳統祭獸神的儀

禮，雖然脫胎換骨了，卻仍然留下些許痕跡，供我們去作各種遐思。

台灣的高山九族及平埔十族，幾乎毫無例外地都盛行過由巫者進行治病儀式，而這種古老的巫俗，到了二十世紀即將結束的現在，大致上都因外來文化的影響，不是滲入漢人信仰的佛教或道教的觀念與儀禮，就是完全消失無蹤。噶瑪蘭族傳統文化中，最明顯地可資證明其遭受到漢人文化的衝擊的事實有二：祭祖儀禮之出現與巫師治病作法之衰退。比起巫術，中藥或西藥見效較快而準確，巫師面對它們卻毫招架之力。

為了尋獲噶瑪蘭族的治病巫俗，筆者碰了不少壁，理由是治病女巫已成稀世之珍，即使找到她們也不願意將這種還在信仰的「寶貴」醫術公諸外人（耆老說），還有大部分的人都逐漸地開始接受西醫的治療了，所以這種已屬歷史的舊習，不值得重提，何況即使找得到巫者，也不一定會剛剛碰上有病患求治療的事兒（村民說）。下面僅記述我在當地搜查尋獲的一些鳳毛麟趾及過去文獻資料之轉述。

不過，要談噶瑪蘭族的巫俗治療之前，必須先說明一下噶瑪蘭族巫者的存在。過去從事巫術者，由於職責的不同，分為巫師與司祭，前者屬於個體戶式的施術者，後者屬於整個村子的司祭，他們要主持大家的祭祀，甚至於有時候還要表演與神靈溝通的場面。女巫治病通常由數人圍繞著病人作圓圈施法，這種形式似乎受到阿美族巫俗之影響。

筆者在此先譯出一段鳥居龍藏所記錄的有關巫術治病資料（註二）：

「加禮宛番目前還保留巫醫的方法，他們相信人所以會生病是由於亡靈作祟引起的。若果遇到有人患病，即請巫師前來向亡靈禱告與作法。這時部落裡的一些婦女也會聚集過來，作圓圈跳舞，繞著病人移動腳步，同時發出一種叫聲。這時她們頭上都插著一枝樹葉，手執一束草葉。她們跳舞時，村民們也會聚集在病人家中，接受其酒宴。」

這種情況與我在新社村採訪到的，幾乎沒有兩樣，故在此不重複說明。據說這種治病作法在第二次世界戰爭結束後不久，即自然地逐漸消失，主要的原因就是各地衛生所已經開始設立了。國民教育也普

遍化了，民俗療法的巫術，早已走進了死巷子。不過，我調查時為一九七五年，可見一息尚存。到了最近我風聞一九九○年代受到全台灣原住民尋根風潮的影響，噶瑪蘭人也逐漸產生自我認同的趨勢，竟刺激了其後裔開始尋找屬於自己族群的記憶，於是作為保護與繼承傳統文化的對象，這幾年來巫術治療的儀禮也有些復甦的樣子。可是其復甦的，卻僅僅是文化的外殼，往往祇止於表演秀而已。

　　我前往調查時，尚在盛行而頗帶有原始宗教的文化意義的，便是一種叫做Patokan的儀式，也是噶瑪族獨特的一種傳統習俗。筆者查閱「噶瑪蘭廳志」，獲知這種儀式早在一八三二年以前就存在，而被陳淑均說成「北投」（番道士），而「北投」一詞係Patokan之音譯，我採訪時他們還告訴我說：閩南語叫做「番仔師公」，可見他們將這種儀式與司祭者均用Patokan一詞稱之。

　　這種儀式實可以看作人死後的葬儀的一部分，若不作Patokan，葬儀不能算完畢（當然有極少數例外）。噶瑪蘭族相信人死後其魂魄不會馬上就變成靈魂，必須經過Batokon的超渡儀式，才能正式成為靈魂，而且它會變成善靈，對於族人有所幫助。萬一人死後不經過這一道手續，死者之魂魄會變成孤魂野鬼，在人世間遊蕩，甚至於加害村民。

　　這種對死者的超渡儀式，通常都在喪家大廳舉行，但必須是遺骸出殯下葬之後；而其儀式的全程必須由司祭主持。萬一死者係遭受橫禍，或出殯中下葬時有打雷刮大風等不祥異兆出現，即會引來一批惡靈跟蹤，所以其超渡儀式必須先在野外舉行，目的是要驅除附近遊蕩的惡靈，然後才在室內舉行超渡儀式。

　　正如前面所述，噶瑪蘭族的巫術治療法，在戰後消失得非常快速，主持者—女巫們的存在，亦隨之而消聲匿跡起來，而主持Patokan超渡儀式的司祭尚能延續下去，主要原因是雖然基督教或天主教早已進入村子裡，可是超渡的信仰，尚根深蒂固地留存在族人的腦海裡。據說現今這些司祭們，有時候也取代了女巫而兼做巫術治病的工作，只是少之又少。

　　祭祖或治病或祭獸神等儀式，均屬於個人或家庭內的儀禮，至於如同西部、北部各族每年要舉辦的收割祭或豐年祭，在噶瑪族中卻從

沒有聽說過，唯一可以舉出來的，是至今仍很盛行的海祭。關於海祭，曾經在前面「八、阿美族（一）創世神話」中詳述過阿美海祭，其原始宗旨是對祖先渡海史蹟的感謝與懷念，可是，噶瑪蘭海祭，卻是祈禱海神的保佑平安與捕魚豐收。最盛行的地點是在花蓮縣內的新社村、立德村（註三）、台東縣內的長濱鄉樟原村等，但是事實上從清末到我調查的一九八五年之間，一直每況愈下。

關於噶瑪蘭族海祭的文獻，在中文方面我未曾尋獲到，僅有日人平塚半次郎在明治二十五年（一九○二）的報告（註四）稱：基隆、金山、福隆、三貂等地的平埔族人，均在農曆七月十五日舉行祭祖儀禮，目的是要紀念祖先從汪洋大海漂流到東台灣來的往事。這時所用的供品，是現場烤豬，在祭典中要齊唱祭歌，叫做「普巴武夷」(Pubabui)。

究竟噶瑪人的海祭，祭拜的是祖先或海神呢？若果依照上述平塚氏記載，他明白地說是祭拜往昔漂洋過海來台開拓的祖先。筆者查詢立德村一些耆老所得資訊來推測：最早動機應該是祭祖與感謝海洋，可是日久年深，又事過境遷，住在離海較遠的族人或不從事捕海魚的農耕族人，必然地減輕對海祭的重視程度，甚至於在自宅內大廳席地祭拜祖先一舉即已足夠了（前述），傳統的海祭從需要祭司主持的公眾性祭祀，演變成少數從事捕魚者個人舉辦的現代小祭。當我前往調查時，僅確認立德村每年均舉辦，但並非全村人參與，而是漁人各自私下用米酒、豬肉、香燭等在海濱祭拜，這完全與漢人在拜土地公或「地基主」的形式或供品無異。不過，從眾人祭祀的形式演變到捕魚者個人的私下祭拜，其祭拜的對象與主旨亦必然地起了很大變化；本來感謝先祖的儀禮，竟變成祈求出海豐收的儀禮了。只是唯一留給我印象特別深的，是他們的海祭無論其規模之大小，供品不可或缺的豬，係包括新鮮的豬肉與豬肝、心三者，豬肝是作為切小塊由眾人投進海裡用，酒是祭畢當場眾人要飲盡的。這一點依然濃厚地保留住其原始宗教的意味。

註解：

註一：見伊能嘉矩著「宜蘭方面平埔族實地調查」（1897）。

註二：見鳥居龍藏著「台灣東部各蕃族及其分佈」（1897）。

註三：依據筆者調查所知：花蓮縣內的立德村，因與阿美族緊鄰而居，故受其影響，多年來與阿美族合辦「豐年祭」，當地話則稱為「拉力義」(laligi)。

註四：見平塚半次郎著「基隆廳管轄內熟蕃」（1902）。

〈參考圖〉 噶瑪蘭族佩帶的傳統首飾（瑪瑙）

魯凱族的長刀造型非常傑
外，刀刃亦相當銳利（1
攝於霧台鄉阿

12 結 論

CONCLUSION

十二、結論

(一)台灣原始宗教的根源

　　近二、三十年來，史前學以讓人驚異的速度在各國發展之中，尤其是新穎的發掘技術的開發，也幫助了理論的開展。可是，很遺憾地出土品統統都自己不會說話，所以有關原始人類的社會組織或當時宗教祭儀的情況，都始終無法正確地被學術界所掌握，何況即使想透過出土品要探索數萬年前人類宗教之起源，仍然無法超越猜測或想像的範疇，所以二十世紀的一些宗教學家與文化人類學家，不得不以現存的原始社會或原住民族社會為對象，來追究原始人類的宗教生活的一部份原貌。可是，非常遺憾的，這種社會也在二十世紀初葉到中葉之間，逐漸地接觸到外來的所謂現代文明之後，快速地開始變貌或變質當中。筆者在前面各章已將台灣原住民各族的宗教信仰（神祇、神話、咒術、儀禮等）分別加以詳述了，本章將要剖析他們信奉的神祇之本質，並探討其由來。

　　首先，為了要瞭解他們的宗教生活，必須先說明一下其宗教觀念尤其神靈觀念。台灣原住民的宗教本質，是非常典型的泛神主義(animism)，也是靈魂主義(spiritism)。以所信仰的神（精）靈為中心，展開的各種祭祀祭儀，幾乎佔了他們生活的一大半。

　　阿美族、排灣族、曹族、噶瑪蘭族等的信仰中，均略具社會性體制的諸神系譜(theogony)，祂們大致上各自擁有其職責。例如阿美族各社均有其社區創設時的神話，而諸神會出現在故事中有所表現，只不過那些神祇卻沒有單獨的神話故事。

　　那麼，原住民過去所信仰的諸神以外，在祭祀儀禮中扮演最重要角色者，就是神靈、靈魂、精靈、祖靈、死者靈魂甚至於包括鬼靈等，是一種非常抽象而模糊的祭祀對象。對於這種神靈，雅美族稱為「阿尼斗」(Anito)，布農族稱為「卡尼斗」(Kanito)，泰雅族稱「鄔斗」(utux)，這些稱呼與馬來語「漢斗」(Hanto)或菲律賓呂宋島高山族的「阿尼斗」(Anito)，可說是出自同一語源：印尼語Anitou（阿尼斗）。

　　這些是在印度尼西亞文化圈內的稱呼，可是，在米克羅尼西亞圈內大多數島嶼也稱「阿尼斗」(Anito)，馬夏爾諸島中的關島與阿尼玦島上原住民，亦稱「阿尼斗」。波里尼西亞文化圈內諸島，大多稱惡靈為「艾斗」(Aitou)，少數稱為「阿突町」(Atua)。

　　原住民各族（雅美族除外）均信奉祖靈為有能力加護保佑家人的神祇，而這種神祇在原住民的信仰中，好像是萬能的，並沒有一定的

〈參考圖〉 國立台灣博物館收藏魯凱族石雕祖靈像

職責，也可以說是被看做是多元化的。當然不是所有的人死了之後，都統統能變成祖靈神。幾乎各族都有善靈與惡靈的觀念。夭折或遭受橫禍而死者，都被看作惡靈，敬而遠之。還有，生前做善事或惡事亦與其死後變成善靈或惡靈有關。這一點與古代埃及人的信仰很類似。

泰雅族對於人的死亡稱為「tamashuk taminion utux」，意思是「織完了布」，換言之，鄔斗支配人的一生，如同織布那樣，每天一點一點地織出人的一生，而當鄔斗把你的布整個兒織完的時候，你的一生即完全結束了，也就是死亡的來臨。當鄔斗在為你織布之際，你若是累積了善行者，死後會由鄔斗的領導走過虹橋赴極樂世界，也可以與祖先一齊快活地生活。可是若果生平累積了諸多惡行者，經過虹橋時會失足而跌落到下面的惡靈之家—也就是地獄，在那裡只有永遠的苦行。

在十八世紀開創了比較宗教學而有名的英國學者修姆(Dadid Hume 1711～76)認為：希望、想像、恐怖、未知等便是宗教起源的最基本特徵。原始種族所以會產生對神祇的信仰，並不是依靠理性，而是對大自然中的未知數深感恐佈，由毫無判斷力的人們加以擬人法的結果。

修姆的這個主張正是人類產生宗教的主觀條件，但未曾真正闡明到信仰對象的本質，殊感遺憾。不過，較他遲了一百多年才出現的人類學創始人泰勒(Edward Bumett Tylor 1832～1917)在其名著「原始文化」(Primitive Culture 1971)中所云，倒令人首肯；

「世界上從有生命的動物植物到無生命的東西—萬物都有其靈魂，它們也會像人那樣，短期或永遠地離開身體而獨立存在。任何東西都擁有靈魂的觀念（也即是泛神主義），就是宗教的原始形態，甚至於後來成為所有人類的信念之源泉，也成為高度文化中人類社會的多神教，甚至於延伸到一神教的發祥。」（筆者譯）

要之：泰勒不但將泛神主義看作原始人宗教的起源，也看作現代人類的宗教基礎。他還主張：祖靈崇拜正是典型的泛神主義信仰。這個說法也非常準確地闡明了台灣各族信仰的神祇之本質。

或許難免有人會懷疑崇拜祖靈是不是可以看作人類宗教的起源？對此，筆者將引用英國社會進化論提倡者史賓沙(Herbert Spencer 1820～1903)的名著「社會學原理」(Principle of Social Science)中的一

段話：「大多數人類都相信人死後，其靈魂會遺留在人間一段較長的時間。在這樣的社會裡，不僅僅在埋葬時，嗣後的一段期間中，也會為死者靈魂舉辦慰靈的儀禮。比較進化而有固定住居的種族，由於相信死者之靈魂可以長期滯留在老家的信仰觀念，對祖靈舉辦有組織有計劃的崇拜儀式；而在諸多祖靈之中，最偉大的祖靈會從眾多不很重要的祖靈中脫穎而出，逐漸地站在重要的地位而受到更隆重的膜拜」（筆者譯）。

　　史賓沙最後要強調的是：精靈主義（尤其是祖靈崇拜）就是人類宗教的起源，而且由此再分化出：咒物崇拜、動植物崇拜、自然崇拜等多種不同形態的宗教。

　　對於史賓沙將祖靈崇拜視為原始宗教的一種，筆者絕對表示贊同與欽佩，不過，將祖靈崇拜視為人類宗教的起源，覺得尚有補充說明的必要。我多次到蘭嶼調查其雅美族祭祀，一直未曾看過他們有任何敬拜祖靈的儀式，相反地他們直到現在，都還把祖靈看作可怕的惡鬼。當人死了，即把屍體了了草草埋葬了之後就要想盡辦法，避免被靈魂跟蹤回家；埋葬過之墓地，再也不敢靠近。這種習俗該有數百年歷史吧？

　　還有，每當他們漁舟建造完畢後所做的隆重的進水儀式長達兩、三天，幾乎要動員到全村的人們的程度，目的仍然要把可怕的鬼魂趕

走。這些都充分表現了雅美族的精靈主義信仰，然而崇拜祖先的宗教卻未曾在島上萌芽過。

在此筆者以雅美族的信仰為例子要強調的，是人類先有泛神主義之原始宗教，然後才出現祖靈崇拜的宗教，雖然兩者本質相同，可是兩者之間尚需一段相當長的時間。雅美族的信仰狀態便是最好的一個例證。

接著，我們也應該談到原住民的祭祀儀禮的特徵。

無論信仰鬼靈或祖靈，都必定會透過某種祭祀的儀式來呈現出族人虔誠的敬仰、感謝或祈求之意；在原始宗教中儀禮的重要性，往往超過文化較開發地區的儀禮。雖然他們物質方面的收穫並不一定非常容易，因而供物祭品都不甚豐盛，可是，他們還會想盡辦法設定許多天然的植物為吉祥或避邪（禳祓）物，以期表現其誠意；無論男女老幼都會自動自發地參加許多遊戲節目或團體歌舞表演，也都可視為敬神之表現。例如：曹族、排灣族、魯凱族、卑南族等都在豐年祭時舉辦玩獨樂、盪鞦韆、阿美族辦理拔河、相撲等比賽，自樂亦娛神；它們與漢民族在寺廟賽會時，演出歌仔戲或布袋戲當酬神戲，或遊行的香陣，以牛犁陣、車鼓陣、金獅陣等為陣頭，增加熱鬧氣氛毫無兩樣。

泰勒的高徒馬列特(R.R.Marett,1866-1943)也說：「任何人只要舉辦神聖儀禮，即表示其為一種宗教性行為。」（註一）。若以台灣原住民為例子而言，則他們的整個生活可以說是以農耕或捕魚為中心展開著，所以社中的任何生活上重要事，都會凝集在祭祀之中，從中尋獲生活的意義與樂趣。換言之：祭祀儀禮在他們的生活中扮演著極大的角色。

例如漢民族拜神是分別祭祀：今天是媽祖生，再幾天則××神生日，再下去就碰到祖父忌日……，可是，原住民卻把所有的神（還包括祖靈）統統（至少大部份）包含在族人的整個大型儀禮之中，這一點似乎正是全世界以農耕為主的少數民族的信仰特色之一。

有人將這種現象解釋做：互相促進功用。然而筆者認為任何原住民族的生活都極為單純，每日早出晚歸，忙的是農耕（靠狩獵謀生的現象早已消失），故祈求豐收以外，其他需求並不顯著。若果將來有一天他們的生活面更多元化了，要祈求的對象—神祇，自然會增加，

對個別神祇的祭祀儀式也會隨之而出現。

在筆者化了數十年時光研究台灣及南洋各大小島嶼的原住民族祭祀後，發覺一種特殊的現象：就是凡族人之間流傳著創世神話（或傳說）云：其祖先係古代搭船漂流抵達海岸才上陸，然後定居而衍生後代者，都必有全族共同的「海祭」儀禮，感謝海神的幫忙或紀念祖先的恩澤。台灣的阿美族、凱達格蘭族、噶瑪蘭族、西拉雅族等便是，不過，筆者的這句話，並不是說沒有舉辦海祭的種族就不是來自台灣以外的某地或某島。因為舉辦海祭必須其族人盤據之地點靠近海岸，否則至少也要有一條較大的河流經過部落附近，才會保留著這種感恩的祭祀，一直到現在。

關於儀禮與神話的關係，尚有值得一提的地方，就是原始宗教含著兩個重要的因素：儀禮與神話，儀禮是宗教的形骸，神話是它的靈魂，兩者缺一不可，可是對這兩者發生的前後順序，過去在學術界看法分歧，有人主張儀禮主義(ritualism)，有人主張神話主義(mythism)，前者認為先有儀禮，然後再產生有關該神祇的神話故事，後者認為先有神話，然後配合該神話竟產生了儀禮。依據筆者在調查噶瑪蘭族的海祭或賽夏族的矮靈祭後，深刻地感覺到，似乎先有了儀禮，然後對於該儀禮的巧妙解釋而產生神話，並不是從神話來產生儀禮的，因為儀禮是決定性的，而神話是可變性的。族人對於該族舉辦的重大儀禮有義務信奉與服從，可是族人對神話的信仰卻是自由的，神話往往是對某一件已經發生過的不易理解的奇妙現象加以適當地解釋而已。

(二)咒術與禁忌

在調查南洋未開民族或台灣的原住民的原始宗教中，最使我感到訝異的，就是在他們的信仰之中，咒術(magism)佔了非常重要的地位。那麼，究竟咒術是不是宗教？難免會掀起如此的疑問，可是當我看多了，思索長久了，就逐漸地要肯定它的存在。

馬列特（見前）的說法，似乎可以提供我們一些更正確的看法。他對抗著過去將宗教與咒術劃分為二的各種學說，而主張咒術是最早的原始宗教，對這種充滿了咒術要素的宗教類型，他命名為「前泛神

主義宗教」(Preanimistic Religion)（註二），但他認為原始宗教與咒術
本來是一體的。他還主張：「我認為可以用『初步的宗教』來取代咒
術一詞。」

　　對此，筆者想再補充幾句：咒術似乎是比宗教較早出現，但咒術
經常令受術者失望，才促進了原始宗教的發生；從性格上而言，前者
靈力是溫和而消極，後者強烈而積極。

　　馬利諾斯基(Bronislaw Malinowski 1884~1942)在其著作「西太平
洋的阿魯哥船航海者」(The Argonauts of the Western Pacific 1992)
中，對於咒術在未開化社會中所扮演的重大角色，加予大書而特書。
他說：「土著民族的心理中，咒術儀禮之演出及其咒語的發聲，自從
人類為了製作獨木舟而伐採樹木開始，一直到發展至滿載著貨物的大
型船隻，遠征大海而成功歸航，其間任何一個階段的成就，都是不可
或缺的存在。」而他的結論就是：「咒術祭儀與咒語是支撐土著民族
的兩大產業形態：『菜園的栽培』與『漁撈』的成功所必需的」（筆
者譯）。

　　至於咒術的功用是什麼？他接著說：「咒術管理著人的命運，給
人以能夠支配大自然的能耐，也給予人類對抗著聚向人類的各種危險
的武器。與此相比較，崇拜祖靈的信念給予他們生活上的幫忙，是微
乎其微的」（筆者譯）。

　　馬利諾斯基在美拉尼西亞文化圈內的特羅布里安特諸島調查的結
論，我們可以拿來引證蘭嶼雅美族建造漁舟後的進水祭典，是非常恰
當的，馬氏說：「咒術可以給獨木舟建造者以工作效率，並增進他們
能夠順利完成的信心。咒術師被視為特別具有統率獨木舟能耐的人而
被擁戴為指導人，並且大家都要服從他的命令，所以咒術不但不會成

為勞動上的重擔，還可以給予心理上的感化，也可以給他們這一次勞動必定可以成功的信心」（筆者譯）。

雅美族的木造漁舟，雖然不像馬利諾斯基所說的在建造中途施予過多的咒術，而是當漁舟完工後要進水時之儀禮及諸多趕走魔鬼的咒術，在時間上雖然有所不同，不過，雅美族進水祭典中的多種咒術，不也是一樣可以給漁團成員（通常十人）以每次出海都能夠滿載而歸的信心嗎？

在我的調查中，頻頻接觸到咒術與神話有著密切關係的事實，神話的內容通常都在超自然的領域內活動，而咒術往往會成為出現神話上的人與事的實在性，與現今的實在性之間的矛盾，架上一道橋梁，讓你順利地通過。有人說咒術在弱小民族的社會裡，常常會幫忙他們繼承傳統的存在，是有其道理的。

筆者在台灣島上調查大部份原住民的宗教文化後，曾轉進南洋各國的高山種族（呂宋島、婆羅洲的加里曼丹、沙巴、砂勞越、蘇門答臘、西拉威斯、隆勃島等，甚至還到中南半島、泰緬地區與中國西南地區）的調查，有一種深刻的感受：要瞭解原住民族的宗教現象，若硬要將咒術與宗教清楚地加予劃分來觀察，是決不可能的，而且毫無意義，相反地要將咒術也併入在宗教之中去思考與研究，才容易看清楚原始宗教的真面目。

除了咒術以外，還有「禁忌」也是一種非常重要的原始宗教現象，卻容易被忽略掉。在宗教民族學或社會學或民俗學上，均將其禁忌稱為"taboo"，源自波里尼西亞圈內的土語。其內涵意義是將某人或某物視為神聖的（有時相反地視為污穢的）存在，禁止族人去親近或使用，是一種類似消極儀禮的習慣性社會行為；所以稱為「禁忌」不如說成「禁制」來得妥當一些。

在未完全開化的社會裡，禁忌與社會結構或風俗習慣，牢固地結合在一起，所以禁忌往往成為當時族人用來判斷倫理規範的依據，筆者觀察原住民的各種儀禮及其產生的諸多禁忌，深感它們均出自先民為後代謀求生活繁榮、族人獲取實惠的美意下產生的，雖則其中有許多由於當時民智未開而觀念落差，不一定能得到預期的效果，然而其中莫不充滿著自我慰藉自己滿足的意味。

禁忌在未開化民族的社會裡，由於它們與當時的社會結構、風俗

習慣等牢固地連接在一起，所以往往成為倫理的規範或判斷是非的依據。

禁忌在一個種族裡面所以能夠盛行而且廣泛地被信奉，主要的是族人對神靈的敬畏。倘若沒有敬畏之念，他們對固有神祇的信仰就會開始動搖，許多禁忌亦隨之而被糟塌，可是，神的處罰並沒有出現。當他們發現禁忌並不會應驗，接著對禁忌的信仰便一下子就崩潰了。例如：在第二次大戰期間，阿美人的農耕儀禮已經大為簡化了，到了戰後與漢民族的混居與通婚頻繁，更促進了其傳統信仰的基本精神消失殆盡，留下的只是歌舞表現的「形骸」而已。

要之：原始民族的祭典與禁忌，其分量確實比文明的種族重得多，可以說他們的祭典與禁忌是非常多元化的，可是其內容卻是非常生活化的。

在原始人類或民智未開的人們之間，幾乎都會相信宇宙萬物或多或少具有「法力」(magic power)，而人類盡可能地想要利用這種力量來達到下列目的：禳祓、解厄、咒詛、制馭自然、役使精靈、陷害仇敵、懲罰盜賊、迷惑戀人、幫助豐收等。台灣原住民過去咒術之盛行，是今人難以想像的；而其利用的範圍也在這一範圍之內。

咒術大多必須由專職者來施行，可是有些項目，只要曉得做法，即使普通人來做也都被視可以奏效。大部份的種族都相信做法時的姿勢、動作、工具、咒語等四項符合的話，任何人都一樣有效。換言之，咒術之中有些通俗性的，不需要巫師執行，可是專職性的巫師的產生，卻需要一些程序。

台灣原住民的巫師之形成，歸納起來有下列三個途徑：

1.曾經夢見天神尊顏者。

2.曾經患上大病卻奇蹟地痊癒者。

3.以上兩種特殊經歷者之一，經老資格巫師認同後，拜他為師學習巫術一段時期，在老巫師認可之下，始可出師而獨立施行巫術。

巫師在社會上的地位崇高與否，與種族的種類無關，可是卻與當地經濟情況有著非常密切關係。例如：卑南族、排灣族、阿美族等生活較為富裕，給予巫師的酬謝較隆重，他們以前都以其收獲的獵物或穀物相贈，不過，從一九七〇年代開始，已經大多改以現款。即使山地到處教會、天主教堂林立，巫術仍然並行發展，而酬謝也隨之而提

〈參考圖〉　花蓮縣舞鶴村仍保存著三千多年前巨石文化的遺趾（1970）

高。可是，布農族、鄒族等居住較高山地區的巫師們，卻一直到一九八○年代，只能接受到實物的饋贈。這除了經濟面以外，與其人口流失（也即是消費者的銳減），亦有密接關係。

當然，從一九九○年代至千禧年的現今，原住民的生活環境與時代背景驟變，巫師或巫術的需要性大減，同時老巫師也逐漸凋零，後繼卻無人，不過，因此少數碩果僅存的山地老巫師，反而被視同人間的國寶一般珍貴存在。

巫師所以會受到族人的尊敬，最主要的是他們具有超自然的能力，可以使用咒術為人占卜而判斷吉凶，也可以幫忙病人或受傷者治病療傷，在筆者調查期間（距今二、三十年前），巫師或覡師之功能，大致局限在這個範圍之內，可是，依據各部落耆老們透露的資料得知：昔日他們的功用更多，範圍更大；由於他們咒語可以引誘野獸前來供族人打獵，或預告野獸出沒的地點、也會透過禱詞求雨、求晴……等諸多事關整個族人或村民福祉的重大事項，也是要他們出面主持的。

一九七二年十月間，筆者曾經應邀前往韓國，參加在圓光大學舉辦的「第二屆國際民俗學會議」，那一屆的討論總主題是「世界各國之巫俗」，在開會的第三天，我發表論文「台灣原住民的巫俗」(Shananism in the Formosa Aborigins)，在此文中我給予巫俗所下的定義是：「為了博取諸神靈的歡心以及勸誘他們降臨的目的，透過幻覺經驗的心理上或生理上出現的各種現象及其法術等之綜合名稱。」至於巫師是什麼？那就是「經常利用這種現象或法術，跟另一世界接觸的具有超自然力量的人士。」

在那一次專門討論巫師與巫術的學術會議中，各國學者也從醫學、心理學、生理學等不同觀點探討了巫師，最後所得到的結論就是：全世界的巫師，幾乎都在心理上有障礙者，而且其中有許多在生理上眼瞎或身體上有欠陷者。雖然與會學者們不敢斷言說巫師都是虛斯得里症患者或羊癲瘋病人，然而一致認為巫師是精神上有疾病徵候者，而且常有夢遊現象。

不過，一般人很容易將巫師與祭司兩者混為一談，其實前者是專職的，而且必須具有能夠與超自然世界溝通的靈性能力，可是後者卻不然。最好的例子，便是賽夏族矮靈祭的主祭人就是司祭，但他不會

兼辦巫師的職責，他們僅熟悉整個儀禮的推行與唸禱詞即夠了。在台灣原住民各族之間，巫師與司祭劃分得很清楚，例如阿美族稱巫師為西卡華塞(Sikawasai)，祭司即稱為西利辛乃(Sirisinai)，其他各族也是各有不同的稱呼。

(三) 馘首習俗的宗教性

台灣的原住民各族（雅美族除外），過去男士們曾經盛行過「出草」馘首的奇怪習俗，所謂「馘首」就是獵人首級。這種不知連綿多少世紀的出草習俗，終於在日治初期開始銳減，在中期即完全消失，迄今尚不到八十年時光。

關於出草前後的男士們的所作所為，在「第二章(二)鳥卜與夢占」的後面大致描述過，本章擬將馘首與宗教信仰的關係，作較詳盡的探討。

大致上台灣原住民族均保持著農耕儀禮進行的前後，要舉辦狩獵的傳統習俗。以阿美族為例子來說：獵人首與獵野獸是同樣一件事，他們所謂「曼卡妖」(mangayau)一詞，在南部群（例如：馬蘭、都鑾、新港、太俱來等各社）中意味著狩獵，可是，同樣這一句話在北部群（例如：馬太鞍、太巴望、里漏等社）中，卻意味者「馘首」。

究竟何者為先，何者為後，已經無法考證了，但一個特別值得注目的事實就是：這兩者的含義雖然大不相同，卻有一個共同點：無論是狩獵或馘首，其目的均為祈求粟作之豐收，而且最使我感到驚異的，是阿美話mangayau與我曾經在婆羅洲砂勞越地區調查而得知當地達雅克族(Dayack)話的馘首mangayau完全相同，達雅克話「mang」為「獵」之意，「ayau」為人首。

台灣原住民的馘首習俗，除此以外還與社（村）中成年儀式有關。過去原住民都有一種牢固不可改的信念：獵取到敵人首級者才是「勇敢的戰士」。依據筆者調查所知，過去任何一族（雅美族除外）都每年必須舉行團體出草獵人首一次以上，這是全社（村）人的義務，而且濃厚地蘊藏著農耕儀禮的意義。

那麼，一年之中何時為馘首的「季節」呢？通常在小米收割祭整個完畢之後要舉辦馘首祭，時間約在陽曆八月間，也就是農閒期，當

然並無一定日期；若果農作歉收，則必須舉辦馘首祭，才能期待翌年的豐收。為了舉辦馘首祭，必須出草去馘首歸來，馘首成功後要舉辦馘首祭的前夜，凡村中男士無論老幼都要住宿在集會所裡，可見這個祭典在農耕儀禮中所佔的地位。

筆者在婆羅洲山間調查所知：達雅克族為了招集更多的鬼靈到部落裡來而從事馘首，他們相信鬼靈增加可以促進社中的豐收與族人的幸福。

馘首的奇習過去普遍地盛行於包括台灣在內的南島語系的文化圈內，也在印度阿薩省的山地族那加人（Nagas）。英國學者哈頓（J.M.Hutton1887-1968），曾經提出報告稱：他們為首級供奉豬肉、酒等祭品，然後唸禱詞云：「下次要再帶來你的父親或兄弟朋友們，以供我們族人馘首。」

這個前前後後的經過及禱詞內容，幾乎與過去台灣原住民的馘首習俗完全相同，顯然他們均將首級人格化，神格化。每當農耕歉收或疫病流行時，即要出草馘首，為的是要增加部落裡的精靈、神靈，因為他們都相信首級具有靈力，可以幫助部落的繁榮。

哈頓認為原始種族的信仰中，首級是一種具有靈性的存在。他進而主張：泛神主義、圖騰主義，Mana主義及咒術信仰等原始宗教，其實都是從這種具有靈性（也可以稱為「聖質」或「靈質」）存在的觀念衍生而出的。戰前曾經在山地調查許久的日本學者大形太郎，也在其著作「高砂族」中強調：馘首信仰是由於他們相信首級具有咒術宗教性力量而產生的，這種「靈力」在原始宗教上稱為「Mana靈力」（關於靈力問題，後述）。

那麼，若果族人出草而未能如願獵取首級歸來，或出現受傷者，

甚至於有人傷亡的事情，也難免發生。對此他們卻相信：出獵成員（泰雅族的話則稱為gaga祭團成員）必定有人犯上「禁忌」，才惹怒「鄔斗」（各族名稱大致相同）而遭受其懲罰。他們不但將馘首這種個人或少數人行為之成敗，解釋作神靈之意旨，連旱災或瘟疫的出現，也都視為必定有人違背「禁忌」而受神祇的處罰。這是一種非常原始而單純的因果觀念，令人感到驚異。

總而言之：原住民過去的馘首習俗，係為了遵守祖先遺訓而為，並相信是一種非常富於男子氣概的神聖行為，而其成敗，係出自各族所信仰的神祇的意旨下的最高審判。這種行為註定會被所謂文明人看成野蠻的殺人犯罪行為，可是對他們而言，是一樁非常神聖的宗教祭儀的一部分，而且做為一個男子漢大丈夫，必須歷經馘首的考驗才能娶妻成家。

前面已經將原住民過去盛行的馘首習俗的宗教意義加予闡明了，不過，當時除了宗教意義之下的馘首以外，也有其他動機之下進行的。以下便是筆者綜合了各族耆老的說法所得的結論：

1.由於爭奪地盤（包括狩獵地區、捕漁地區、社區境界等）而進行馘首，規模較大。

2.為了呈現其勇氣。因為做為一個男子漢，一生從未曾馘首，則不被族人所看重。

3.由於妻子偷漢，為了發洩其怨憤。

4.為父母、兄弟或親戚報仇。

5.與村人發生爭執而是非難辯白時（他們相信為非作歹者，沒有馘首之勇氣）。

6.為了使其戀慕對象注意到他的存在。

7.遭受到通敵嫌疑時要以出草馘首表有清白（他們相信通敵者膽小鬼，決不敢出草馘首）。

那麼，原住民族過去出草時的馘首對象是什麼人呢？

當然，經常發生紛爭的不同種族是最主要的仇敵，必然地互相獵首的對象，例如宜蘭地區自古以來是泰雅族的生活基地，後來噶瑪蘭族登陸了，自然而然地把他們往山上驅逐，雙方從此種下了仇恨，互相馘首之風氣非常激烈，直到十九世紀末才開始逐漸消失。還有高雄縣內的布農族與魯凱族，因境界的糾紛，早成世仇，互相馘首至十九

→附圖53　泰雅族部落裡所設頭骨架
　　　　（森丑之助攝1905年）

↓附圖54　泰雅族獵人頭後吹笛慶祝
　　　　（森丑之助攝於1905年）

世紀末。還有屏東縣內溢寮北溪的下游為魯凱族與排灣族爭水利與漁撈的地點。在十九世紀中就因結仇而互相成為對方獵首的對象（魯巴魯巴女士曾經多次帶領我到現場勘察）。可是，除此以外，毫無糾葛的第三者（包括靠近山地的旅人或行人），意外地碰上了馘首隊，竟成為罹難者也是常有的事。對他們而言，馘首與狩獵在形式上、實質上、意義上都相差不多，其間的差別只不過是飛禽走獸換成行走的人類而已。

　　要出草去獵首的準備與禁忌，筆者調查而得知的資訊，各族大致相同，略述如下：在出草前，勇士們都要先磨好自己的刀或鎗。婦女們即椿小米製造麻糬，準備菜餚，同時即將參與的家庭，必須嚴格遵守下列多種禁忌：

　　1.把家中爐灶裡的舊灰清理掉，重新點燃柴薪，一直到家人凱旋歸來，其間不可以熄火，也不可將火種分給別人，顯然這種薪火有聖火的含義。

　　2.出草之前，家人不可以織布。

　　3.不可以將家裡任何東西借給他人，也不可以讓不同祭團的成員進入家中。

　　4.勇士出發前的七天之間，不可以與婦女共床，亦不與她們交談，天天洗淨身體，連一日三餐亦要減為兩餐。顯然具有宗教的苦行意義。

　　5.妻子的產前或產後數天，不可以參加獵首的隊伍。

　　6.家中有人死亡而辦理喪事不久，其家人不可參加，怕帶有晦氣。

　　住在台灣島上的八族，最早放棄馘首習俗者，首推曹族，其次便

是阿美族，最遲改革的首推泰雅族（附圖53.54），其次便是排灣族（附圖55）。

　　與台灣原住民族一樣具有馘首習俗的種族，有住在婆羅洲大島上沙巴的Murtu族與Bajau族、砂勞越的達雅克群族（含六種族），與加里曼丹的東達雅克族、西達雅克族……等及印度阿薩省的那嘉族(Nagas)。

　　筆者第一次前往沙巴與砂勞越入山調查，係一九七二年元月間，在這兩地所採取到的獵人首級的資訊顯示：他們馘首的動機，幾乎與台灣的毫無兩致，連對待剛剛獵下來的首級之熱愛與祭祀方式，均與台灣同樣的模式。唯一不同的是婆羅洲的各族，對於首級的信仰更深厚於台灣原住民。例如：他們視馘首為成年的象徵，婦女們會歌頌獵首者的勇氣，然後多次親吻馘首，或將食物裝入馘首口中。他們還相信，獵取到首級的勇士，將來再出生時，該被害人必生為他的奴隸服侍他。

　　他們也一樣相信：凡舉辦過馘首祭的部落，必定會五穀豐收，將來狩獵或出漁時必可滿載而歸；獵首者一生身體健康無恙，做任何事物都非常順利（附圖56）

(四) 原始信仰的蛻變

　　在整個南島語系民族的文化圈內，除了極少數的尼古里特(Negrito)族（註三）以外，大部份的原住民各族，迄今仍然經營著燒田墾地及灌溉水田的原始形態農耕。他們的基本宗教觀念與儀禮，幾乎都屬於泛神主義，尤其集中在精靈崇拜與祖靈崇拜兩方面。

　　我們若果說包括印度尼西亞、美拉尼西亞、米克羅尼西亞與非洲
各地在內，所有的原住民族都是奉死靈崇拜為主幹的文化圈，一點兒
不為過。那麼，位在南島語系文化圈最北部的台灣原住民，可以說在
筆者從事田野調查時期（一九七五年以前），尚屬接觸到外來宗教最
輕微的原住民族。

　　他們非常崇拜祖靈（雅美族除外），雖然各族或多或少都有其信
仰的神祇，但祖靈神卻是各族信仰中職責最多的神祇。

　　觀察他們的各種農耕儀禮，任何人都可以發現從頭到尾充滿了泛
神觀念；其次便是具有「聖質」（亦可稱為「靈質」）的存在（例如獵
取之首級，獵取到之山豬頭骨或顎骨等）之信仰。

　　在十九世紀末期，英國學者克德林頓(K.H.Codrington 1890-
1922)，發表了其多年實地調查報告書「The Melanesians」(1891)，
他說美拉尼西亞土著信仰一種當地話叫做「麻那」(Mana)的力量，
「麻那」是非人格或半人格的超自然的力量，充滿於宇宙之間，「麻
那」不但是一種存在，且帶有靈力，包括祖靈及自然物象的靈力，均
來自「麻那」。

　　克德林頓還說：酋長或巫師亦常具有「麻那」的力量，但所謂
「麻那」的力量並不是他（它）們自己產生的，而是由一種精靈所賜
與的，而「麻那」的靈力，常常被原住民解釋作異常事件發生的動
力。

　　當克德林頓發表 Manaism 學說不久，許多文化人類學者與宗教學
家，亦紛紛在其他地區發現到類似「麻那」觀念的存在，最著名的是
荷賓(H.Ian Hobin)，他在較上述克德林頓的論文發表遲了約半世紀
後，在波里尼西亞與美拉尼西亞兩個文化圈內的田野調查中，證實了

土著民族擁有「麻那」的超自然靈力的觀念。

他還強調說：「Solomon群島的波里尼西亞人的宗教，若未先瞭解他們的『麻那』的觀念，則無法加予理解。類似「麻那」觀念，在紐西蘭的毛利族(Maoris)及北美洲的印地安人之中，亦可發現到。「麻那」靈力的信仰，雖然並不是全球性的，但目前被大多數宗教家與文化人類學家們都公認為Animism與Manaism，有著非常密切的關係。

當然，筆者在此突然提出台灣原住民所信奉的原始宗教中含有「麻那」靈力的信仰之說，一定有人會覺得驚異或不能認同，可是，若果將他們各族（雅美族以外包括山地八族及平埔九族）過去曾經盛行過的馘首習俗的基本動機，加以分析的話，應該可以察覺到他們應該也有類似於「麻那」的觀念與信仰，只不過，各族之間，並沒有「麻那」一詞，也沒有可以表現這種觀念的任何適當用詞罷了。

依據筆者的看法，克德林頓的「麻那」靈力說與哈頓(J.M.Hutton,見前)所謂「靈質」說，有一脈相通之處，我們若果將這兩說合併來考量，即可以輕易地瞭解到台灣原始宗教中的頭骨（馘首）、獸骨等之信仰。

不過，由於台灣原住民（含平埔九族與山地九族）所信奉的是一種起源於泛神主義（亦可稱為萬物精靈觀）的原始宗教，所以外來的宗教也很容易被他們所接納；其中平埔族的漢化較山地九族早了兩三百年，所以，他們接受漢民族所信仰的宗教，也該是在相同的時代開始，是無庸置疑。只不過那個年代距今較遙遠些，已經無法斷言其受到外來宗教影響的正確年代。可是，山地九族與外來文化的接觸卻距今不甚久遠，故比較容易尋獲到一些蛛絲馬跡。

約在一九三○年左右來台從事田野調查的日本學者古野清人，在其著作「高砂族之祭儀生活」(P282)中記述：「屬於阿美族南勢蕃的荳蘭、薄薄等社的巫師(Sikawasai)，可能受到漢人術士（尤其乩童）的影響，在數十年前已存在著幾個流派，互相競爭其作法，其中有擅長爬登刀梯的一派，也有擅長過火的一派……。」

古野氏在一九三○年左右所說的「在數十年前」，我們可以推測為十九世紀中葉，應該不會太離譜吧，其所謂「爬登刀梯」或「過火」等，顯然是道教系的把戲。可是，當時在九族之中亦僅僅阿美族有此

〈參考圖〉 阿美族部落從　九六○年代即出現完全台灣式村舍（1970年花蓮市近郊）

現象，其他八個種族卻仍然保持傳統的原貌，直至日治時代後期才出現的日治當局半強迫地要所有族人在自宅供奉象徵日本天照大神神位的所謂「大麻」，算是第一次全面性接受外來宗教的開始，不過，這種不是發自族人共同意願的信仰，是無法在山地生根萌芽的。不到幾年時光，「大麻」即被趕出他們信仰的領域，消失得無影無蹤。

最近筆者看到有些年輕的文史工作者發表文章云：影響台灣九族固文化（當然也包括宗教信仰）最大的外力，始於一八九五年日人治台，而其皇民化教育政策在台實施時，並將其供奉的神社分設在山地部落裡，並開始嚴格地禁止族人各項祭祀活動。

這種說法起因於他們在事隔數十年後現在，憑藉想像空間，以理所當然的思惟方式構成的，卻與事實相差太遠。日人治台時山地政策中最重要的是要求他們的「歸順」，他們最害怕的是他們的謀叛心態，霧社事件及許多大小衝突，都不超出這個主題之外，而對原住民族的固有文化，除了嚴禁出草馘首以外，一切說是「放任主義」亦非過言。

依據筆者調查所知，有些排灣族頭目家之人物木雕因其露出男性生殖器過份赤裸裸，曾遭到管區警員看不習慣而把那局部砍下。可是，這畢竟是該警員個人的主觀決定，並非總督府之政策，這種荒唐事，在戰後中國警員上任後，亦照樣發生過完全一模一樣的事兒。應加責怪的是警員本人的認知與教養，與政策無關。

筆者尚可舉出另外一個例子，就是日治時代當局對蘭嶼完採取保留其固有文化為原則，當時的行政措施僅停留在施予基礎教育及基本衛生設備兩項，甚至於有些學者還主張將蘭嶼（當時稱紅頭嶼）保存成文化人類學研究園區。

戰後來台的國民黨政府，對於原住民各族的生活改善或教育水準的提昇，曾經盡過一點責任，不過，文化的驟變，自然也大大地改變了他們的價值觀或神靈觀。漢民族式的思惟，也會從此出現在他們腦海裡。本著「南王村巫俗調查紀實」中，曾經提到的男覡王白文，每當做一次法術就剝下一個檳榔子充當神符（還用小紅布袋套住），給予信徒佩帶之用。這種方式完全不是原始宗教所有的，非常明顯地戰後學習了漢民族向神求神符的方式。顯然地，山地的巫師、覡師們，也到了非配合時代潮改變做法的方式或增加此新鮮配套，則無法吸引

信徒的地步了。

在宗教生活的範疇裡，除了巫俗的蛻變以外，原住民的農耕儀禮改變之大、速度之快，實在令人看得目瞪口呆。由於一九八〇年代後半期開始台灣島的經濟開始起飛。台灣觀光客開始暢遊海內外之風氣漸起，許多地區的原住民宗教活動亦應運而變成他們觀光的對象。

一波接著一波的人潮踴進山間，要看賽夏族矮靈祭，阿美族、排灣族、魯凱族的收穫祭儀禮。其實在戰前原住民均有「收割祭」與「收穫祭」，「收割」與「收穫」在意義上相差千里路，可是，平地人（觀眾）把它們視而為一，主辦者的族人也由主動變成被動，也可以說是反應（也可以說接受）了外來觀眾的期望，竟將各種農耕儀禮整個兒濃縮成為一個慶祝豐年祭典「豐年祭」，既然是慶祝，當然直覺地把本來該是嚴肅的祭典定位在「族人的歡樂活動」上，於是，載歌載舞的熱鬧，彌蓋了肅穆氣氛，外來觀眾更不明就理，壓根兒忽視了傳統原始宗教的神祇存在，舉止輕浮也引起族人的反感。

台灣原住民今天所面臨的，正是整個地球上弱勢原住民所面臨的共同困難。對於力求尋回傳統的有心原住民人士而言，最大難點是如何建立文化的自主性與如何在傳統與現代價值間尋找到平衡點。每逢豐年祭或祖靈祭，觥籌交錯，整天載歌載舞，確實精采之至，可是，有為的年輕人天天逗留村中，除歌舞飲酒外無所事事，任何耆老都不會希望年輕人繼承這樣的傳統吧？

在本著的卷末，筆者想提出兩點呼籲：

在現代文明的巨大潮流衝擊之下，原住民各族的文化遺產都被淹沒了，各族長輩們要用何種的價值觀去教育子弟們認同母文化呢？這是值大家去深思的。

第二、各族一年一度的豐年祭或兩年一度的矮靈祭等祭儀，除了能使來自平地的觀光客大開眼界以外，更應該對於如何延續山地傳統宗教的精神而努力。對此當務之急就是：一方面盡可能地設法把傳統儀禮的固有原貌復原，另外一方面趕緊做記錄與保存的工作，盡力而為，能夠做多少算多少。

二○○○年四月五日　全文脫稿於淡水寓所

註解：

註一：見R.R.Marett "Sacraments of Simple Folk" (1933)。
註二：同註一
註三：Negrito族為住在東南亞地區的小黑人種族（Andaman 群島為其發祥地），至今呂宋島上仍有少數人口散居山間，仍過著古老的採集狩獵的流浪生活。台灣過去傳說的矮人族，照理應該是此族之分支。

國家圖書館出版品預行編目資料

臺灣原始宗教與神話＝ Primitive religions
and creation myths of Taiwan aborigines
／施翠峰著 ·-- 臺北市：史博
館編譯組，民89
面；　　公分

ISBN 957-02-6769-0（平裝）

1.臺灣原住民-宗教　2.原始宗教-臺灣

215.8232　　　　　　　　　　　　89014055

臺 灣 原 始 宗 教 與 神 話

發 行 人：黃光男

出 版 者：國立歷史博物館編譯小組

作　　者：施翠峰

主　　編：陳永源

編　　審：蘇啓明

執行編輯：羅桂英

美術設計：羅桂英

秘 書 室：謝文啓

會　　計：胡健華

印　　製：裕華彩藝股份有限公司

出版日期：中華民國八十九年九月出版

統一編號：006309890400

ISBN: 957-02-6769-0（平裝）

定　　價：600元

行政院新聞局出版事業登記證　局版北市業字第24號